SCHMITT 1964

ŒUVRES COMPLÈTES

DE

SIR WALTER SCOTT.

Traduction Nouvelle.

PARIS,
CHARLES GOSSELIN ET A. SAUTELET ET Cº
LIBRAIRES-ÉDITEURS.
M DCCC XXVII.

H. FOURNIER IMPRIMEUR.

ŒUVRES COMPLÈTES
DE
SIR WALTER SCOTT.

TOME SOIXANTE-CINQUIÈME.

IMPRIMERIE DE H. FOURNIER,
RUE DE SEINE, N° 14.

HISTOIRES
DU TEMPS
DES CROISADES.

(Tales of the Crusaders).

TOME SECOND.

HISTOIRES DU TEMPS DES CROISADES.

LES FIANCÉES,

OU

LE CONNÉTABLE DE CHESTER.

(The Betrothed).

CHAPITRE XVII.

» Voici la mariée ; allez sonner la cloche :
» Qu'un joyeux carillon annonce son approche
» Le brillant incarnat de son front virginal
» Efface du soleil le pourpre oriental :
» Mais cet astre aujourd'hui s'entoure de nuages :
» Saints du ciel, dissipez ces funestes présages. »

Ancienne comédie.

Le jour des fiançailles approchait, et il parait que les règles des Bénédictines, ou du moins la manière dont l'abbesse les exécutait, n'étaient pas assez rigides pour l'empêcher de célébrer dans la grande salle du couvent cette cérémonie sainte, quoiqu'elle dût nécessairement introduire beaucoup d'hommes dans l'enceinte exclusivement réservée aux vierges du cloître, et qu'elle fût le premier pas vers un état auquel ces saintes filles avaient renoncé pour toujours. L'orgueil de l'abbesse, comme noble normande, et l'intérêt sincère qu'elle prenait au bonheur de sa nièce, l'emportèrent sur tous les scrupules, et l'on voyait la vénérable mère se donner un mouvement extraordinaire ; tantôt ordonnant aux jardiniers de décorer de fleurs cet appartement, tantôt recommandant à la cellérière, à la dépensière, aux sœurs laies de la cuisine, de préparer un banquet splendide, et mêlant de temps en temps à ces ordres une pieuse exclamation que lui arrachaient ses réflexions sur la vanité et le néant de ces choses mondaines. Oubliant alors l'air affairé et empressé avec lequel elle surveillait tous les préparatifs, elle croisait les mains, et levait les yeux au ciel en soupirant de la pompe à laquelle elle prenait tant de soin pour que rien ne manquât. Dans d'autres instans, on aurait pu la voir en consultation sérieuse avec le père Aldrovand sur le cérémonial civil et religieux qui devait accompagner une fête si importante pour sa famille.

Pendant ce temps, si elle avait tant soit peu relâché les rênes de la discipline, elle ne les avait pas tout-à-fait abandonnées. La première cour du couvent fut à la vérité ouverte aux hôtes du sexe masculin quand le grand jour arriva ; mais les novices et les jeunes sœurs furent reléguées avec soin dans les appartemens intérieurs de cette vaste maison, sous les yeux vigilans d'une vieille nonne, personne grave, prudente et vertueuse, qu'on désignait dans le cloître sous le nom de Maîtresse des novices; il ne leur fut pas permis de souiller leurs regards du spectacle profane des panaches et des vêtemens brillans de la chevalerie. Quelques sœurs de l'âge de l'abbesse restèrent pourtant en pleine liberté. Ces dames antiques allaient partout en affectant autant d'indifférence qu'elles avaient réellement de curiosité, et elles tâchaient de se procurer indirectement des renseignemens sur les noms, les costumes et les décorations, sans oser montrer l'intérêt qu'elles prenaient à ces vanités mondaines, et que des questions positives auraient laissé apercevoir.

Un nombreux détachement de lanciers du connétable gardait la porte du couvent, et ne laissait entrer dans l'enceinte sacrée que le petit nombre d'élus qui devaient être admis à la cérémonie, avec les principales personnes de leur suite. Les premiers étaient conduits avec respect dans les appartemens préparés pour les recevoir; les autres restaient dans la première cour, où on leur distribuait des rafraîchissemens substantiels, et où ils jouissaient de l'amusement, si précieux à toutes les classes de domestiques, d'examiner et de critiquer leurs maîtres et leurs maîtresses tandis qu'ils passaient pour se rendre dans les divers appartemens.

Parmi ceux qui s'occupaient ainsi étaient Raoul, le vieux piqueur, et sa femme, dame Gillian; lui, brillant de toute sa gloire, en habit neuf de velours vert; elle, souriant avec grace, portant une riche robe de soie jaune, bordée de martre : tous deux également attentifs à considérer ce joyeux spectacle. Une trêve succède quelquefois aux guerres les plus acharnées; le temps le plus froid a ses momens de chaleur; l'ouragan le plus violent ses momens de calme, et il en était de même des rapports de cet aimable couple. Quelques intervalles d'une sérénité parfaite interrompaient les longs orages de leurs dissensions. La splendeur de leurs vêtemens neufs, la gaieté de la scène qui les entourait, et peut-être l'aide d'un bol de muscadine avalé par Raoul, et d'un verre d'hippocras bu à petits coups par sa femme, les avaient rendus tous deux, aux yeux l'un de l'autre, plus agréables que de coutume, la bonne chère étant en pareil cas ce que l'huile est à une serrure rouillée, quand elle fait ouvrir sans bruit une porte qui ne s'ouvrirait qu'avec le fracas de deux battans peu disposés à agir de concert. Ils s'étaient placés dans une espèce de niche, élevée de deux ou trois pieds au-dessus du niveau de la cour, et dans laquelle était un petit banc de pierre. C'était une situation avantageuse, d'où leurs regards curieux dominaient sur tous ceux qui entraient.

Ainsi placé, Raoul, avec son visage ridé, pouvait passer pour le digne représentant de Janvier, père glacé de l'année, et, quoique Gillian n'eût plus la fraîcheur délicate du jeune Mai, cependant le feu encore vif d'un grand œil noir, et le coloris animé d'une joue encore vermeille, pouvaient faire d'elle une image assez fidèle d'Août, père des fruits et de la gaieté. Dame Gillian avait coutume de se vanter qu'elle pouvait plaire à tout le monde par son entretien, quand elle le voulait, depuis Raymond Bérenger jusqu'à Robin, le valet d'écurie; et, comme une bonne femme de ménage qui daigne quelquefois, afin d'entretenir sa main, préparer un mets délicat pour son mari seul, elle jugea à propos en ce moment d'employer ses moyens de plaire en faveur du vieux Raoul; et, par ses saillies de gaieté satirique, elle réussit à vaincre non-seulement la mauvaise humeur qu'il avait en général contre tout le genre humain, mais même sa disposition spéciale à être bourru avec sa femme. Ses plaisanteries, quel que pût en être le mérite intrinsèque, et l'air de coquetterie avec lequel elle les débitait, produisirent un tel effet sur ce Timon des frontières du pays de Galles, que son nez cynique s'en releva; il ouvrit la bouche, montra toutes ses dents comme un roquet qui veut mordre, et poussa des éclats de rire qui ressemblaient aux aboiemens de ses chiens. Il s'arrêta pourtant tout court, comme s'il se fût rappelé qu'il dérogeait à son caractère de gravité bourrue; et, avant de se livrer encore à sa nouvelle humeur, il jeta sur Gillian un regard accompagné de tant de grimaces, qu'il ressemblait assez bien à une de ces figures fantastiques dont on décorait autrefois la partie supérieure d'une basse de viole.

— Eh bien! dit Août à Janvier, cela ne vaut-il pas mieux que d'user vos lanières sur le dos d'une femme qui vous aime, comme si elle était une habitante de votre chenil?

— C'est vrai, répondit Janvier d'un ton glacial; et cela vaut mieux aussi que les tours de chien qui me forcent de donner de l'exercice à mes lanières.

— Hum! dit Gillian du ton d'une femme qui pensait que l'assertion de son mari pouvait être contestée; mais, changeant de gamme aussitôt, elle dit d'une voix plaintive : — Ah, Raoul! ne vous souvenez-vous pas que vous m'avez battue une fois, parce que feu notre maître, Dieu veuille avoir son ame! avait pris le ruban rouge qui nouait mon corset pour une rose-pivoine?

— Oui, oui, je me souviens que feu notre maître,

Dieu veuille avoir son ame! comme vous le dites, faisait quelquefois de pareilles méprises : le meilleur chien peut se trouver un défaut.

— Et comment avez-vous pu souffrir, mon cher Raoul, que la femme de votre affection fût si longtemps sans avoir une robe neuve?

— Eh bien, eh bien! notre jeune maîtresse vous en a là donné une qui pourrait servir à une comtesse, répondit Raoul en faisant voir par son ton qu'elle avait touché une corde qui menaçait de détruire le bon accord du moment; combien vous faudrait-il donc de robes?

— Seulement deux, mon bon Raoul; uniquement pour que nos voisins ne comptent pas l'âge de leurs enfans en partant de l'époque où dame Gillian a eu sa robe neuve.

— Il est bien dur qu'on ne puisse être une fois de bonne humeur sans avoir à le payer? Eh bien! vous aurez une robe neuve à la Saint-Michel, quand j'aurai vendu les cuirs de la dernière saison. Les cornes seules vaudront quelque chose cette année.

— Ne vous ai-je pas toujours dit, mon cher mari, que les cornes valaient le cuir quand on savait les vendre?

Raoul se retourna brusquement, comme si une guêpe l'avait piqué, et il serait difficile de dire ce qu'il aurait répondu à cette observation innocente en apparence, si un brillant cavalier ne fût entré en ce moment dans la cour. Il mit pied à terre, comme les autres, et confia son cheval à un écuyer dont les vêtemens étaient couverts de magnifiques broderies.

— Par saint Hubert! dit Raoul, voilà un beau cavalier, et son destrier pourrait servir à un comte! Et il porte les couleurs de milord le connétable! je ne le connais pourtant pas.

— Mais je le connais, moi, dit Gillian; c'est Randal de Lacy, cousin du connétable, et qui ne le cède à aucun de ceux qui ont porté ce nom.

— Oh! j'en ai entendu parler, par saint Hubert! On dit que c'est un libertin, un débauché, un mange-tout.

— Ceux qui vous l'ont dit ont menti: les hommes mentent quelquefois.

— Et les femmes aussi, répondit Raoul d'un ton sec; mais il me semble qu'il vient de vous cligner des yeux.

— C'est que vous n'avez jamais bien vu de l'œil droit depuis que notre bon maître, que sainte Marie protège son ame! vous a jeté un verre de vin au visage, pour être entré trop hardiment dans sa chambre.

— Et que vient faire ici ce vaurien? dit Raoul comme s'il ne l'avait pas entendue. On dit qu'il est soupçonné d'avoir attenté à la vie du connétable, et qu'il y a cinq ans qu'ils ne se sont vus.

— Il vient à l'invitation de ma jeune maîtresse, comme je le sais fort bien; et il est probable qu'il fera moins de tort au connétable que celui-ci ne lui en fera à lui-même; car il en a eu déjà assez de preuves, le pauvre homme!

— Et qui vous a dit cela? demanda Raoul d'un ton brusque.

— Peu importe qui me l'a dit; c'est quelqu'un qui était bien informé, répondit dame Gillian, qui commençait à craindre d'avoir trop jasé en voulant se donner un air de triomphe, et prouver à son mari qu'elle était mieux instruite que lui.

— Il faut que ce soit le diable ou Randal lui-même, s'écria Raoul; car il n'y a pas d'autre bouche assez large pour qu'un pareil mensonge y puisse passer. Mais dites-moi donc, dame Gillian, quel est cet autre cavalier prêt à entrer, et qui avance comme un homme qui sait à peine où il va?

— Votre ange de grace en personne, le jeune écuyer Damien.

— Lui! impossible! Appelez-moi aveugle si bon vous semble, mais je n'ai jamais vu un homme si changé en si peu de temps. Il porte son manteau comme si c'était une couverture de cheval. Que peut-il donc avoir? Et le voilà qui s'arrête à la porte, comme s'il y avait sur le seuil quelque chose qui l'empêchât de passer! Par saint Hubert! on dirait qu'il a été frappé par les fées.

— Vous l'avez toujours regardé comme un bijou si rare! Voyez pourtant quelle figure il fait près de ce chevalier qui entre! Il tremble, et il a les yeux égarés comme s'il avait perdu l'esprit.

— Il faut que je lui parle! s'écria Raoul oubliant son âge, et sautant à bas de son poste élevé; il faut que je lui parle; et, s'il en a besoin, j'ai sur moi mes lancettes: je suis en état de saigner un chrétien aussi bien qu'une brute.

— Va, va, dit dame Gillian, tu es un médecin digne d'un tel malade; un médecin de chenil est celui qui convient à un songe-creux qui ne connaît ni sa maladie ni les moyens de la guérir.

Pendant ce temps, Raoul s'acheminait vers la porte devant laquelle Damien restait debout, semblant hésite s'il entrerait ou non, et ne faisant aucune attention à la foule dont il attirait les regards par la singularité de son air et de sa conduite.

Raoul avait une affection particulière pour Damien ; et la principale raison en était peut-être que sa femme, depuis quelque temps, avait pris l'habitude de parler de lui en termes moins respectueux que ceux qu'elle employait ordinairement quand il s'agissait d'un jeune homme beau et bien fait. D'ailleurs il savait qu'à la chasse, dans les bois et le long des rivières, ce jeune homme était un second sir Tristrem (1); et il n'en fallait pas davantage pour unir à lui le cœur de Raoul par des liens d'airain. Il vit donc avec chagrin que sa conduite était généralement remarquée, et l'exposait même au ridicule.

— Le voilà, dit le fou de la ville, qui avait pris place parmi les curieux, comme l'âne de Balaam dans le mystère, quand il voit ce que personne ne peut voir.

Un grand coup de lanière que Raoul lui appliqua sur les épaules le récompensa de cette heureuse comparaison. Le fou s'enfuit en hurlant, et alla chercher un auditoire mieux disposé à écouter ses plaisanteries. Le vieux piqueur continua à s'avancer vers Damien ; et, avec un air d'intérêt tout différent du ton sec et caustique qui lui était habituel, il l'invita, pour l'amour du ciel, à ne pas se donner ainsi en spectacle, en restant à la porte comme si le diable y était pour l'empêcher de passer, mais à entrer sur-le-champ ; ou, ce qui vaudrait encore mieux, à se retirer pour aller prendre des

(1) Le *sir Tristrem* des poëmes gallois est le même que notre *Tristan de Léonais* Voyez les *Essais historiques et littéraires*.
Éd.

vêtemens plus convenables à une cérémonie qui concernait sa maison de si près.

— Et qu'y a-t-il à redire à mes vêtemens, vieillard? demanda Damien en se tournant brusquement vers le vieux chasseur, comme un homme sortant tout à coup d'une rêverie qu'un importun vient troubler.

— Je vous dirai seulement, avec tout le respect dû à votre valeur, répondit Raoul, qu'on ne met pas ordinairement un vieux manteau sur un justaucorps neuf; et il me semble, avec toute soumission, que celui que vous portez n'est pas assorti avec le reste de votre costume, et qu'il n'est pas convenable pour la cérémonie à laquelle vous allez assister.

— Tu es un fou, répondit Damien; et tu as plus d'années que d'esprit. Ne sais-tu pas qu'aujourd'hui la jeunesse et la vieillesse se rapprochent, se donnent la main, s'unissent? pourquoi ferions-nous régner plus d'accord dans nos vêtemens que dans nos actions?

— Pour l'amour de Dieu, dit Raoul, ne prononcez pas des mots si étranges et si dangereux! ils pourraient être entendus par d'autres oreilles que les miennes, et expliqués par de plus méchans interprètes. Il peut se trouver ici des gens en état de faire tourner à mal une parole légère, comme je saurais faire sortir un daim de son fort. Vos joues sont bien pâles, M. Damien; vos yeux sont comme tachés de sang; pour l'amour du ciel, retirez-vous.

— Je n'en ferai rien, répondit Damien d'un air encore plus égaré; il faut auparavant que je voie lady Eveline.

— Au nom de tous les saints, pas à présent! s'écria Raoul; vous ferez un mal incroyable à ma jeune maîtresse en vous montrant à ses yeux dans l'état où vous êtes!

— Le croyez-vous? demanda Damien, comme si cette remarque l'eût calmé et rendu capable de rassembler ses pensées errantes; le croyez-vous bien réellement? Je me figurais qu'en la voyant encore une fois..... Mais non; vous avez raison, vieillard.

Il se détourna comme pour se retirer; mais, en faisant ce mouvement, sa pâleur augmenta, il chancela, et tomba avant que Raoul eût le temps d'essayer de le soutenir, ce qui lui aurait probablement été difficile. Ceux qui le relevèrent furent surpris en remarquant que ses vêtemens étaient teints de sang, et que les taches qu'on voyait sur son manteau, et qui avaient donné lieu aux observations de Raoul, provenaient de la même cause. Un homme à figure grave, enveloppé d'un manteau de couleur sombre, s'avança alors à travers la foule.

— Je savais ce qu'il en arriverait, dit-il : je lui avais ouvert une veine ce matin, et, conformément aux aphorismes d'Hippocrate, je lui avais ordonné le repos et le sommeil. Mais si les jeunes gens méprisent les ordonnances de leur médecin, le dieu de la médecine se vengera. Il est impossible que des bandages attachés de mes propres mains se soient dérangés, si ce n'est pour punir l'oubli des préceptes de l'art.

— Que signifie tout ce bavardage? s'écria la voix du connétable de Chester, qui imposa un silence respectueux à toutes les autres. On l'avait averti de l'accident arrivé à Damien, à l'instant même où la cérémonie des fiançailles venait de se terminer; et, dès qu'il vit son neveu dans cet état, il ordonna d'un ton sévère au médecin de replacer les bandages qui avaient glissé sur le bras de Damien. Il aida lui-même à le soutenir, avec l'air d'inquiétude et d'intérêt d'un homme qui voyait dans une situation si dangereuse un si proche parent, qu'il estimait, qu'il chérissait, et jusqu'alors l'héritier de son nom et l'espoir de sa famille.

Mais les chagrins des hommes puissans et heureux sont toujours mêlés de l'impatience que cause l'interruption du cours de leur prospérité. — Que veut dire ceci? demanda-t-il brusquement au médecin. A la première nouvelle de la maladie de mon neveu, je vous ai fait dire ce matin de lui prodiguer tous les soins nécessaires; j'ai donné ordre qu'il n'essayât pas d'assister à la cérémonie solennelle qui vient d'avoir lieu; et cependant je le trouve ici, et en cet état.

— Sauf votre bon plaisir, milord, répondit le médecin avec un air d'importance que la présence du connétable lui-même ne put lui faire perdre, *curatio est canonica, non coacta*, c'est-à-dire le médecin guérit par les règles de l'art et de la science, par ses avis et ses ordonnances, mais non par des moyens de rigueur employés contre le malade, qui ne peut espérer de guérison qu'en se soumettant volontairement à tout ce que lui prescrit son médecin.

— Faites-moi grace de votre jargon, s'écria Hugues de Lacy. Si mon neveu avait le cerveau assez dérangé pour vouloir se rendre ici dans le délire d'une fièvre chaude, vous deviez avoir assez de bon sens pour l'en empêcher, eussiez-vous dû employer la force.

Randal de Lacy s'était mêlé à la foule, qui, oubliant la cause qui l'avait rassemblée, ne songeait plus qu'à Damien. — Il est possible, dit Randal, que l'aimant qui attirait ici notre cousin ait été trop puissant pour que le médecin pût en neutraliser l'influence.

Le connétable, encore tout occupé de son neveu, leva les yeux sur Randal tandis qu'il parlait ainsi, et lui demanda ensuite avec une froideur remarquable :
— Eh bien, beau parent, de quel aimant parlez-vous?
— De la tendresse et de la déférence de votre neveu pour Votre Seigneurie, répondit Randal, sans parler de son respect pour lady Eveline. Toutes ces causes devaient l'amener ici, à moins que ses jambes ne pussent l'y porter. Mais voici votre belle fiancée qui vient elle-même, par charité sans doute, le remercier de son zèle.

— Quel malheur est-il donc arrivé? s'écria Eveline arrivant à la hâte, et presque hors d'elle-même, à la nouvelle qu'on lui avait brusquement apprise du danger dans lequel se trouvait Damien. — N'y a-t-il rien en quoi je puisse me rendre utile?

— Non, milady, répondit le connétable en quittant son neveu et en prenant la main d'Eveline; votre humanité vient mal à propos en ce moment; il ne convient pas que vous vous trouviez parmi cette foule, au milieu de la confusion qui y règne.

— A moins que je n'y puisse être utile, répondit Eveline avec vivacité. C'est votre neveu qui est en danger, mon libérateur, un de mes libérateurs, je veux dire.

— Nous le laissons aux soins de son médecin, dit le connétable, qui rentra dans le couvent avec Eveline. Mais la jeune fiancée semblait le suivre à regret.

— Milord connétable a bien raison, s'écria le médecin d'un air de triomphe, de ne pas vouloir que sa noble dame se confonde avec cette armée d'empiriques en jupons qui troublent le cours régulier de la pratique de la médecine avec leurs ridicules pronostics, leurs imprudentes recettes, leur mithridate, leurs amulettes et leurs charmes. Le poète païen a eu raison de dire :

*Non audet, nisi qui didicit; dare quod medicorum est
Promittunt medici; tractant fabrilia fabri* (1)

Tandis qu'il prononçait ces vers avec beaucoup d'emphase, il laissa échapper le bras de son malade, qu'il tenait encore, afin de pouvoir joindre le geste à la déclamation. — Voilà ce que personne de vous ne comprend, dit-il ensuite aux spectateurs, non, de par saint Luc! pas même le connétable.

— Mais il sait comment fustiger un chien qui aboie quand il devrait faire autre chose, dit le vieux Raoul; et le médecin, rappelé à ses devoirs par cet avis salutaire, prit les mesures convenables pour faire transporter le jeune Damien dans un appartement qu'il avait pris dans une rue voisine. Quand il y fut arrivé, les symptômes de la maladie, au lieu de diminuer, prirent un caractère plus sérieux, et le malade eut bientôt besoin de toute la science et de toute l'attention du médecin.

Comme nous l'avons déjà dit, la cérémonie des fiançailles était terminée, et la signature du contrat de mariage venait d'avoir lieu, quand on apprit la nouvelle de l'accident arrivé à Damien. Lorsque le connétable reconduisit sa fiancée dans l'appartement où toute la

(1) Pour oser il faut savoir : pour donner des médecines il faut être médecin : les ouvriers s'occupent chacun de son métier. — Tr.

compagnie était réunie, ils semblaient tous deux être mal à l'aise et décontenancés. Leur air d'embarras parut encore plus évident quand Eveline retira avec précipitation sa main, qui était passée sous le bras du connétable, en remarquant que la manche de son habit était teinte de sang, et qu'elle en avait elle-même des marques à ses doigts. Elle les montra à Rose en tressaillant, et lui dit d'une voix faible : — Voyez! que signifie ce présage? La vengeance du Doigt-Rouge commence-t-elle déjà à se faire sentir?

— Cela ne signifie rien, ma chère maîtresse, répondit Rose. Ce sont nos propres craintes qui sont des prophéties, et non ces bagatelles qu'on appelle des présages. Pour l'amour du ciel, parlez à milord! il est surpris de votre agitation.

— Qu'il m'en demande la cause lui-même, répondit Eveline; j'aime mieux qu'il ait à me la demander que de la lui apprendre sans qu'il le désire.

Le connétable, tandis que sa fiancée causait ainsi avec sa suivante, s'était aussi aperçu que, dans l'empressement qu'il avait mis à secourir son neveu, le sang de Damien avait coulé sur son habit et sur ses mains, et que celles d'Eveline en étaient tachées. Il s'avança dans le dessein d'écarter le fâcheux présage qu'on pourrait tirer d'un tel incident dans un pareil moment.

— Belle dame, lui dit-il, le sang d'un vrai De Lacy ne peut jamais être pour vous qu'un présage de paix et de bonheur.

Eveline semblait vouloir répondre, mais ne pouvait trouver des expressions qui lui convinssent. La fidèle Rose, au risque d'encourir le reproche de se permettre trop de liberté, se hâta de répondre : — Toute demoiselle doit croire ce que vous dites, milord; car on sait que ce noble sang a toujours été prêt à couler pour la défense de celles qui sont opprimées : vous l'avez fait pour nous il y a si peu de temps !

— Bien parlé, ma petite, dit le connétable ; et lady Eveline, quand il lui plaît de garder le silence, est heureuse d'avoir une suivante qui sait si bien répondre. Venez, milady; espérons que cette mésaventure de mon neveu n'est qu'un sacrifice à la fortune, qui ne permet pas au jour le plus pur de s'écouler sans un nuage. Je me flatte que Damien recouvrera bientôt la santé ; et souvenez-vous que les gouttes de sang qui vous alarment ont été tirées par un acier ami, et sont un symptôme de guérison plutôt que de maladie. Allons, milady, votre silence étonne nos amis, et pourrait leur faire croire que nous ne leur faisons pas l'accueil qui leur est dû. Permettez-moi de vous servir moi-même.

A ces mots il prit un bassin d'argent et une serviette sur un buffet qui était couvert de vaisselle plate, le remplit d'eau, et le présenta à sa fiancée en fléchissant le genou devant elle.

S'efforçant de sortir de l'état d'alarme dans lequel l'avait jetée un rapport supposé entre l'accident qui venait d'arriver et la vision qu'elle avait eue chez Ermengarde de Baldringham, Eveline céda aux instances de son futur époux, et elle lui tendait la main, comme pour l'aider à se relever, quand elle fut interrompue par un messager arrivant à la hâte, qui, entrant dans la salle sans cérémonie, informa le connétable que son neveu était extrêmement mal, et que, s'il voulait le revoir vivant, il fallait qu'il se rendît chez lui sans perdre un instant.

Le connétable tressaillit, et fit ses adieux en peu de mots à Eveline et à ses hôtes, qui, d'après cette nouvelle désastreuse, se préparèrent à se retirer. Mais, comme il avançait vers la porte de l'appartement, il y vit entrer un appariteur de la cour ecclésiastique, à qui son costume avait fait ouvrir les portes du couvent sans difficulté.

— *Deus vobiscum!* dit l'appariteur. Je désire savoir qui de vous dans cette honorable compagnie est le connétable de Chester.

— C'est moi, répondit Hugues de Lacy; mais si votre affaire n'est pas trop pressée, je ne puis vous parler en ce moment, car j'en ai une où il y va de la vie ou de la mort.

— Je prends tous les chrétiens qui m'entendent à témoin que je me suis acquitté de mon devoir, dit l'appariteur en remettant au connétable une feuille de parchemin.

— Que veut dire ceci, drôle? s'écria le connétable avec indignation. Pour qui votre maître l'archevêque me prend-il pour agir avec moi d'une manière si peu courtoise, qu'il me cite à comparaître devant lui comme un délinquant, au lieu de m'y inviter comme un noble et un ami?

— Mon gracieux maître, répondit l'appariteur avec un air hautain, n'est responsable qu'à notre saint-père le pape de l'exercice du pouvoir qui lui est confié par les canons de l'Église. Quelle réponse Votre Seigneurie fait-elle à ma citation?

— L'archevêque est-il dans cette ville? demanda le

connétable après un moment de réflexion. J'ignorais qu'il eût dessein de s'y rendre, et je savais encore moins qu'il eût le projet d'exercer des actes d'autorité dans son enceinte.

— Mon gracieux maître l'archevêque, dit l'appariteur, vient seulement d'arriver dans cette ville, dont il est métropolitain. D'ailleurs, en vertu de sa mission apostolique, comme légat *à latere*, il a pleine juridiction dans toute l'Angleterre, comme l'apprendra quiconque osera refuser d'obéir à ses citations, quel que puisse être son rang.

— Écoute-moi, drôle, s'écria le connétable en lui lançant un regard courroucé; sans certains motifs qui me retiennent, je te promets que ton capuchon noir ne te protégerait guère, et que tu aurais mieux fait d'avaler ta citation, sceau et parchemin, que de me la remettre avec tant d'insolence. — Partez, et dites à votre maître que je le verrai à une heure; je suis retenu d'ici là par la nécessité d'aller voir un de mes parens malade.

L'appariteur sortit de l'appartement d'un air plus humble qu'il n'y était entré, et laissa tous les spectateurs de cette scène occupés à se regarder les uns les autres en silence et d'un air consterné.

Le lecteur ne peut manquer de se rappeler avec quelle sévérité le joug de la suprématie de l'Église romaine pesait sur le clergé et même sur les laïques, en Angleterre, sous le règne d'Henri. La tentative que fit ce monarque sage et courageux pour maintenir l'indépendance de son trône, dans l'affaire mémorable de Thomas Becket, eut même un si malheureux résultat, que, comme une rébellion étouffée, elle ne fit que donner une nouvelle force à la domination ultramontaine. Depuis la soumission du roi, dans cette lutte fatale, la voix de Rome eut un double pouvoir toutes les fois qu'elle se fit entendre, et les pairs les plus hardis de toute l'Angleterre jugèrent plus prudent de se soumettre à ses mandats impérieux que de provoquer une censure spirituelle qui avait des conséquences temporelles si funestes.

Il en résulta que la manière peu cérémonieuse et presque méprisante dont le prélat Baudouin avait traité le connétable excita une sorte de terreur parmi les amis qu'il avait invités à assister à ses fiançailles, et quand Hugues de Lacy jeta autour de lui un regard plein de hauteur, il vit que la plupart de ceux qui l'auraient soutenu à la vie et à la mort dans toute autre querelle, et même contre son souverain, pâlissaient à l'idée seule d'un différend avec l'Église. Embarrassé, et courroucé en même temps de leur timidité, il se hâta de les congédier en leur disant, en termes généraux, que tout irait bien; que la maladie de son neveu n'était qu'une légère indisposition, occasionée par le peu de soin qu'il prenait de lui-même, et exagérée par un médecin qui voulait se faire valoir; quant au message de l'archevêque, délivré avec si peu de cérémonie, ce n'était que la suite de leur amitié et de la familiarité qui les portait quelquefois l'un et l'autre à négliger les formes ordinaires du cérémonial, et même à y contrevenir par plaisanterie.

— Si j'avais besoin de parler au prélat Baudouin pour affaire pressée, dit-il, telle est l'humilité de cette digne colonne de l'Église, et son indifférence pour les formes, que sans craindre de l'offenser je pourrais lui envoyer le dernier de mes valets d'écurie pour lui demander une audience.

Mais, tandis qu'il parlait ainsi, on remarquait dans sa physionomie et dans son maintien quelque chose qui démentait ses discours; et ses amis se retirèrent après la cérémonie joyeuse et splendide de ses fiançailles, comme s'ils venaient d'assister à des obsèques, les yeux baissés, et l'esprit rempli d'inquiétude.

Randal fut le seul qui, ayant suivi toute cette affaire avec la plus grande attention, se hasarda d'approcher du connétable lorsqu'il allait partir, et il lui demanda, au nom de l'amitié qui venait de se rétablir entre eux, s'il n'avait aucun ordre à lui donner, l'assurant, par un regard encore plus expressif que ses paroles, qu'il ne le trouverait jamais tiède à lui rendre service.

— Je n'ai rien qui puisse exercer votre zèle, beau cousin, lui répondit le connétable avec l'air d'un homme qui n'était pas bien convaincu de la sincérité de celui qui lui parlait ainsi ; et la manière dont il le salua ensuite ne laissa à Randal aucun prétexte pour le suivre, comme il semblait en avoir formé le projet.

CHAPITRE XVIII.

» Si je pouvais, au gré de mon ambition,
» Atteindre des grandeurs la haute région,
» Je mettrais sous mes pieds la tête des monarques. »

HORACE WALPOLE. *La Mère mystérieuse.*

Le moment le plus rempli d'inquiétudes, le plus malheureux de toute la vie d'Hugues de Lacy, fut sans contredit celui où, en célébrant ses fiançailles avec toutes les solennités civiles et religieuses, il s'était vu si près de ce qu'il regardait depuis quelque temps comme le but principal de tous ses désirs. Il était assuré de posséder une épouse dont la beauté et les qualités aimables avaient fait naître en lui un véritable attachement, comme sa fortune avait séduit son ambition. Cependant, même alors, l'horizon, obscurci autour de lui, lui présageait des orages et des calamités.

En arrivant dans le logement qu'occupait son neveu, il apprit que le pouls du malade s'était élevé, que son délire avait augmenté; et le langage de tous ceux qui l'entouraient était de nature à faire craindre qu'il n'y eût aucun espoir de guérison, et même qu'il ne pût résister à une crise qui paraissait très-prochaine. Le connétable s'avança sans bruit jusqu'à la porte de sa chambre ; mais il ne put se résoudre à y entrer, et il y resta quelque temps à écouter tout ce que le délire de la fièvre faisait dire à Damien.

Il n'est rien de plus douloureux que de voir l'esprit continuer à se livrer à ses occupations ordinaires quand le corps est attaqué d'une maladie dangereuse. Le contraste qu'offrent ce lit de souffrances et le langage de la santé rend doublement affligeant l'état du malade abusé par de pareilles visions ; on plaint bien davantage les souffrances de celui dont les pensées s'égarent si loin de la vérité.

Ces idées percèrent le cœur du connétable quand il entendit son neveu répéter plusieurs fois le cri de guerre de sa famille, donner de temps en temps des ordres aux soldats, et les animer comme s'il les conduisait contre les Gallois. D'autres fois il prononçait des termes de manège, de chasse et de fauconnerie; le nom de son oncle sortait souvent de sa bouche, comme si l'idée du connétable se joignait à celle de ses travaux guerriers et de ses amusemens. D'autres sujets paraissaient encore l'occuper ; mais alors il murmurait si bas, que ce qu'il disait devenait inintelligible.

Les souffrances de son neveu émurent encore davantage le connétable, quand il entendit sur quels sujets son esprit divaguait. Il porta deux fois la main sur le loquet de la porte, mais jamais il ne put se résoudre à l'ouvrir. Ses yeux étaient mouillés de pleurs, et il n'aurait pas voulu en rendre témoins ceux qui étaient près de Damien. Enfin, renonçant à son projet, il sortit brusquement de la maison, monta à cheval, et, suivi seulement de quatre de ses gens, il se rendit au palais épiscopal, où le bruit public lui apprit que l'archevêque Baudouin avait établi sa résidence.

Le connétable ne put s'en approcher sans quelque difficulté, tant était grande la multitude de chevaux, de haquenées et de mules, de cavaliers, d'écuyers et de serviteurs, de laïques et d'ecclésiastiques, qui assiégeait la porte du palais épiscopal, et il s'était attroupé autour d'eux une foule nombreuse de gens attirés, les uns par la curiosité, les autres par l'espoir de recevoir la bénédiction du saint prélat. Quand il eut surmonté cet obstacle, Hugues de Lacy en trouva un autre dans l'opiniâtreté des domestiques de l'archevêque, qui refusèrent, quoiqu'il leur eût fait connaître son nom et son rang, de le laisser entrer avant qu'ils eussent pris les ordres de leur maître.

Un pareil accueil produisit sur Hugues de Lacy l'effet qu'on devait en attendre. Il avait mis pied à terre, dans la pleine confiance qu'il serait admis à l'instant même, sinon en présence du prélat, du moins dans le palais, et il se trouvait à pied au milieu d'une foule d'écuyers, de valets et de palefreniers. Il fut si indigné, que son premier mouvement était de remonter à cheval et de retourner sous son pavillon, qui, comme nous l'avons déjà dit, était dressé aux portes de la ville, et de laisser à l'archevêque le soin de venir l'y chercher s'il désirait réellement avoir une entrevue avec lui. Mais la nécessité d'adopter des mesures de conciliation se présenta sur-le-champ à son esprit, et l'empêcha de céder au conseil de son orgueil blessé.

— Si notre sage roi, se dit-il à lui-même, pendant la vie d'un archevêque de Cantorbéry, lui a tenu l'étrier, si après sa mort il s'est soumis aux actes de pénitence les plus humilians sur son tombeau, bien certainement je ne dois pas être plus scrupuleux à l'égard du prélat qui lui a succédé dans cette monstrueuse autorité. — Une autre pensée, qu'il osait à peine s'avouer à lui-même, lui faisait aussi reconnaître la prudence de l'humilité et de la soumission. Il ne pouvait se dissimuler qu'en cherchant à se dispenser du vœu qu'il avait prononcé comme croisé il encourait, jusqu'à un certain point, les justes censures de l'Église; et il était assez porté à espérer que l'accueil froid et dédaigneux que lui faisait Baudouin était une partie de la pénitence à laquelle sa conscience lui disait qu'il devait s'attendre.

Après un court intervalle, le connétable fut enfin invité à entrer dans le palais de l'évêque de Glocester, où il devait trouver le primat d'Angleterre; mais il passa encore un certain temps dans l'antichambre avant d'être admis en présence de Baudouin.

Le successeur du célèbre Becket n'avait ni les vues étendues ni l'esprit ambitieux de ce fameux personnage; mais, d'une autre part, on peut douter que celui-ci, quoique devenu saint, ait été aussi sincère dans ses protestations de zèle pour le bien de la chrétienté que l'était le prélat qui l'avait remplacé. Baudouin était véritablement un homme propre à défendre et à maintenir l'autorité que l'Église venait de recouvrer, mais il avait peut-être trop de franchise et de sincérité pour se montrer fort actif à l'étendre. La croisade était la principale affaire de sa vie, et le succès qu'il avait obtenu à cet égard était ce qui flattait le plus son orgueil. S'il se mêlait à son zèle religieux la satisfaction secrète de savoir qu'il possédait le pouvoir de l'éloquence, le don de la persuasion et le talent de plier à ses vues l'esprit des hommes, néanmoins la conduite de toute sa vie, et ensuite sa mort devant Ptolémaïs, prouvèrent que la délivrance du saint sépulcre du joug des infidèles était le véritable but de tous ses efforts. Hugues de Lacy ne l'ignorait pas ; et la difficulté de manier un tel caractère lui parut encore plus grande à l'instant où il allait avoir avec lui une entrevue pour l'engager à approuver ses projets, qu'il n'avait pu se résoudre à le supposer quand le moment de la crise était encore éloigné.

Le prélat, homme de grande taille et d'un port majestueux, mais dont les traits étaient trop sévères pour être agréables, reçut le connétable avec toute la pompe de sa dignité ecclésiastique. Il était assis sur un grand fauteuil de bois de chêne, orné de sculptures gothiques, et placé sur une estrade sous une espèce de niche faite du même bois. Il portait la robe épiscopale, richement brodée, et garnie de franges au collet et aux manches, ouverte depuis le cou jusqu'au-dessous de l'estomac, et laissant entrevoir sous une soubreveste brodée le cilice de crin, imparfaitement caché, que le prélat portait constamment sous ses vêtemens somptueux. Sa mitre était placée devant lui sur une table de chêne, sculptée comme le fauteuil, et contre laquelle était appuyé son bâton pastoral, dont la forme était celle d'une simple houlette, mais dont on avait éprouvé que la force était plus puissante et plus redoutable que celle des lances et des cimeterres, quand elle se trouvait dans la main de Thomas Becket.

A peu de distance de lui, un chapelain en surplis blanc, et à genoux devant un pupitre, lisait dans un volume dont les marges étaient couvertes d'enluminures quelque traité théologique, à la lecture duquel Baudouin paraissait donner une attention si profonde, qu'il n'eut pas l'air de s'apercevoir de l'arrivée du connétable, qui, courroucé plus que jamais par ce nouveau manque d'égards, ne savait s'il devait interrompre le lecteur en s'adressant au prélat, ou se retirer sans lui parler. Mais avant qu'il eût pris une résolution à ce sujet, le chapelain arriva à la fin d'un chapitre, et l'archevêque mit fin à la lecture en lui disant : *Satis est, mi fili.*

Ce fut en vain que l'orgueilleux baron séculier chercha à cacher l'embarras avec lequel il s'approcha du prélat, dont l'attitude annonçait évidemment le dessein de lui inspirer une respectueuse inquiétude. Il essaya de donner à son maintien l'aisance qui pouvait rappeler leur ancienne amitié, ou du moins il aurait voulu prendre un air d'indifférence qui annonçât qu'il était parfaitement tranquille; mais il ne put y réussir, et sa contenance n'exprima que l'orgueil mortifié, mêlé d'un air d'embarras qui lui était peu ordinaire. Le génie de l'église catholique était toujours sûr, en pareille occasion, de triompher du plus fier des laïques.

— Je m'aperçois, dit le connétable en cherchant à recueillir ses pensées, et en rougissant de la peine qu'il avait à y parvenir; je m'aperçois qu'une ancienne amitié se termine ici. Il me semble qu'Hugues de Lacy aurait pu être invité par un autre messager à se rendre en votre présence vénérable, et à recevoir un tout autre accueil en arrivant.

L'archevêque se souleva tant soit peu pour faire un demi-salut au connétable, qui, par une sorte d'instinct, résultat du désir qu'il avait d'arriver à une conciliation, le lui rendit en s'inclinant beaucoup plus bas qu'il n'en avait dessein, et que ne le méritait la politesse tronquée du prélat. Baudouin fit alors un signe à son chapelain, en prononçant les mots : — *Do veniam;* et celui-ci, se levant, se retira avec respect, sans tourner le dos, sans lever ses yeux fixés sur la terre, avec les bras croisés sur la poitrine.

Lorsque ce chapelain muet se fut retiré, le front du prélat parut s'éclaircir, quoiqu'il fût encore couvert d'un nuage de gravité et de mécontentement. Cependant ce fut sans se lever de son fauteuil qu'il répondit à De Lacy :

— Il importe peu, milord, de parler aujourd'hui de ce que le brave connétable de Chester a été pour le pauvre prêtre Baudouin, et du plaisir et du saint orgueil que nous avons éprouvés en le voyant, pour rendre honneur à celui dont la main toute-puissante l'a élevé à tous ses honneurs, prendre le signe du salut, et se vouer à la délivrance de la Terre-Sainte. Si le noble lord que je vois devant moi est encore dans la même résolution, qu'il m'apprenne cette nouvelle qui me comblera de joie, et, déposant le rochet et la mitre, j'irai moi-même prendre soin de son coursier, comme le dernier de ses palefreniers, s'il est nécessaire de lui rendre un pareil service pour lui prouver mon respect et mon amitié.

— Révérend père, répondit De Lacy en hésitant, j'avais espéré que les propositions que vous a faites de ma part le doyen d'Hereford vous auraient paru plus satisfaisantes.

Reprenant alors sa confiance naturelle, Lacy continua d'un air et d'un ton plus rassurés, car l'aspect froid et inflexible de l'archevêque l'irritait : — S'il faut ajouter encore à mes propositions, milord, faites-moi connaître sur quel point, et, s'il est possible, je me conformerai à votre bon plaisir, dût-il même me paraître un peu déraisonnable. Je veux vivre en paix avec l'Église, milord, et personne n'est moins diposé que moi à mépriser ses ordres. J'en ai donné des preuves par ma conduite sur le champ de bataille et dans les conseils, et je ne puis croire que mes services aient mérité un accueil aussi froid de la part du primat d'Angleterre.

— Reprochez-vous à l'Église les services que vous lui avez rendus, homme plein de vanité? dit Baudouin. Apprends, Hugues de Lacy, que ce que le ciel a fait par ta main pour l'Église, il aurait pu, si telle eût été sa volonté divine, l'exécuter par celle du dernier de tes vassaux. Félicite-toi de l'honneur d'avoir été l'instrument choisi pour opérer de grandes choses dans Israël. Ne m'interromps point; je te dis, orgueilleux baron, qu'aux yeux du ciel ta sagesse n'est que folie; ton courage, dont tu te vantes tant, la timidité d'une fille de village; ta force, la faiblesse d'un enfant; ta lance, une baguette d'osier; ton épée, un faible jonc.

— Je sais tout cela, milord, répondit le connétable; on me l'a toujours répété toutes les fois que le peu de services que je pouvais rendre étaient accomplis et terminés. Mais, quand on en attendait de nouveaux, j'étais mon bon lord, pour tous les prêtres et les prélats, un homme pour lequel on ferait les plus ferventes prières, et qui serait honoré comme les patrons et les fondateurs qui reposent en paix dans le chœur et sous le maître-autel. Il n'était question ni d'osier ni de jonc quand on me priait de tirer le glaive, et de marcher la lance en avant ; ce n'est que lorsqu'on n'a aucun besoin de mes armes qu'on en rabaisse la valeur et celle de leur maître. Mais dites-moi donc, mon révérend père, s'il ne faut à l'Église que des varlets et des palefreniers pour chasser les Sarrasins de la Terre-Sainte, pourquoi prêchez-vous tant pour engager les chevaliers et les nobles à abandonner leur domicile, et à quitter les pays qu'ils sont nés pour défendre et protéger ?

L'archevêque lui répondit en fixant sur lui un regard sévère : — Ce n'est pas pour obtenir le secours charnel de leurs bras que nous troublons vos chevaliers et vos barons dans le plaisir barbare qu'ils goûtent en se livrant à des dissensions intestines, et en se faisant les uns aux autres des guerres meurtrières, ce que vous appelez protéger et défendre leur pays; ce n'est pas que la Toute-Puissance ait besoin de leur aide pour exécuter la grande œuvre prédestinée de la délivrance de la Terre-Sainte, c'est pour le salut de leurs ames immortelles. Et il prononça ces derniers mots avec beaucoup d'emphase.

Le connétable se promenait dans l'appartement avec un air d'impatience, et il dit comme s'il se fût parlé à soi-même : — Voilà la récompense qu'on accorde à tant d'armées qui ont été tirées d'Europe pour abreuver de leur sang les sables de la Palestine; voilà les vaines promesses pour lesquelles on nous engage à sacrifier notre pays, nos biens et notre vie!

— Est-ce Hugues de Lacy qui parle ainsi? s'écria l'archevêque en se levant, mais en adoucissant ce ton de censure par une apparence de chagrin et de regret. Est-ce lui qui fait si peu de cas du renom d'un chevalier, de la vertu d'un chrétien, des récompenses de l'honneur mondain, des faveurs mille fois plus précieuses du ciel? Est-ce lui qui désire des avantages terrestres, en s'emparant dans son pays des biens et des trésors de ses voisins moins puissans, en leur faisant la guerre, quand l'honneur et la foi, le vœu qu'il a fait comme chevalier, et le baptême qu'il a reçu comme chrétien, l'appellent à une entreprise dont la gloire doit s'acheter par plus de dangers? Est-il vraiment possible que ce soit Hugues de Lacy, le miroir de la chevalerie anglo-normande, dont l'esprit conçoive de tels sentimens, et dont la bouche les exprime?

— Des flatteries et de beaux discours mêlés de sarcasmes et de reproches peuvent vous réussir avec d'autres, milord, répondit le connétable en rougissant de colère et en se mordant les lèvres; mais j'ai trop de fermeté dans le caractère pour qu'on puisse me faire prendre une mesure importante en cherchant à me séduire ou à m'intimider. Dispensez-vous donc de me parler avec cette affectation d'étonnement, et soyez bien convaincu que, soit qu'il aille à la croisade, soit qu'il reste chez lui, la renommée d'Hugues de Lacy, du côté du courage, s'élèvera toujours aussi haut que celle de l'archevêque Baudouin du côté de la sainteté.

— Et puisse-t-elle s'élever encore beaucoup plus haut que celle à laquelle vous voulez bien la comparer!

répondit le prélat. Mais un incendie peut s'éteindre comme une étincelle; et j'avertis le connétable de Chester que la gloire qui a couronné sa bannière pendant tant d'années peut s'évanouir en un instant, pour ne jamais reparaître.

— Qui ose parler ainsi? s'écria le connétable, jaloux de la réputation qu'il avait acquise au milieu de tant de dangers.

— Un ami, que vous devriez remercier quand il vous châtie, répondit Baudouin. Vous pensez à une autre paie et à des récompenses, sire connétable, comme si vous pouviez encore marchander les conditions du marché. Mais, je vous le dis, vous n'êtes plus votre maître. En vertu de la bienheureuse croix que vous avez prise volontairement, vous êtes devenu soldat de Dieu, et vous ne pouvez quitter votre étendard sans vous couvrir d'une infamie à laquelle les plus lâches ne voudraient pas s'exposer.

Hugues de Lacy continuait à marcher à grands pas d'un air troublé; mais, à ces mots, il s'arrêta sur-le-champ.—Vous nous traitez trop durement, dit-il. Vous autres lords spirituels, vous faites de nous des bêtes de somme pour votre intérêt. Vous vous placez sur nos épaules pour vous élever où votre ambition aspire. Mais tout a des bornes; Thomas Becket les passa, et.....

Il n'acheva pas sa phrase, mais il l'accompagna d'un regard sombre et expressif, et le prélat n'eut pas de peine à l'expliquer.

— Et il fut assassiné! ajouta-t-il d'un ton ferme et déterminé. C'est ce que vous osez me donner à entendre, à moi, successeur de ce saint glorieux! c'est ce que vous me présentez comme un motif pour céder à votre désir capricieux et égoïste de retirer votre main de la charrue ! Mais vous ignorez à qui vous faites une pareille menace ; il est vrai que Thomas Becket, après avoir été un saint dans l'église militante, est arrivé, par le chemin sanglant du martyre, à la dignité de saint dans le ciel ; mais il n'est pas moins vrai que, pour y obtenir une place à mille degrés au-dessous de son prédécesseur bienheureux, Baudouin, son indigne successeur, serait prêt, avec la protection de Notre-Dame, à supporter tous les tourmens que les méchans pourraient faire souffrir à son enveloppe mortelle.

— Il est inutile de faire une telle parade de courage, révérend père, dit De Lacy, craignant de s'être laissé emporter trop loin, quand il n'y a ni ne peut y avoir la moindre ombre de danger. Discutons cette affaire, s'il vous plaît, avec plus de modération. Je n'ai jamais eu le dessein de violer le vœu que j'ai fait d'aller combattre pour la délivrance de la Terre-Sainte ; je demande seulement à en différer l'exécution. Il me semble que les offres que j'ai faites sont raisonnables, et qu'elles doivent suffire pour me faire obtenir ce qui a été accordé à tant d'autres, un léger délai pour l'époque de mon départ.

— Un court délai accordé à un chef tel que vous, noble De Lacy, répondit le prélat, serait un coup mortel pour notre sainte et courageuse entreprise. Nous aurions pu accorder à des hommes de moindre rang le privilège de se marier et d'établir leurs filles, quand même ils se mettraient peu en peine des chagrins de Jacob ; mais vous, milord, vous êtes une des principales colonnes de notre édifice, et, si elle vient à manquer, il est possible qu'il s'écroule. Qui, dans toute l'Angleterre, se croira obligé de se presser de partir, si l'on voit reculer Hugues de Lacy ? Pensez un peu moins, milord, à la fiancée que vous avez promis d'épouser, et un peu plus au vœu que vous avez promis d'accomplir ; et ne croyez pas que le bonheur puisse jamais suivre une union qui ébranlerait le projet que vous avez formé de prendre part à une bienheureuse entreprise conçue pour l'honneur de la chrétienté.

Le connétable se trouva embarrassé par l'opiniâtreté du prélat, et il commença à céder à ses argumens, quoique fort à regret, et seulement parce que les mœurs et les opinions de ce temps ne lui laissaient aucun moyen de combattre ses raisonnemens autrement que par des sollicitations.

— J'admets, lui dit-il, l'engagement que j'ai contracté de prendre part à la croisade ; et, je le répète, tout ce que je désire, c'est le court délai qui m'est nécessaire pour mettre ordre à des affaires importantes. En attendant, mes vassaux, conduits par mon neveu Damien de Lacy.....

— Ne promets que ce qui est en ton pouvoir, dit le prélat d'un air grave. Qui sait si, pour te punir d'oublier une chose sainte pour t'occuper des choses de ce monde, ton neveu n'en sera pas retiré à l'instant même où je te parle ?

— A Dieu ne plaise ! s'écria le baron en tressaillant et en se remettant à marcher comme s'il eût voulu courir au secours de son neveu. Puis, s'arrêtant tout à coup, il jeta sur l'archevêque un regard perçant. — Il n'est pas bien à Votre Révérence, dit-il, de parler si légèrement des dangers qui menacent ma maison. Damien m'est cher à cause de ses bonnes qualités ; il m'est cher à cause de son père, mon frère unique. Que Dieu nous pardonne à tous deux ! nous n'étions pas en bonne intelligence quand il mourut, milord : ce que vous venez de dire semble me donner à entendre que mon neveu chéri souffre, et qu'il est en danger à cause de mes offenses.

Baudouin s'aperçut qu'il avait enfin touché une corde à laquelle répondaient toutes les fibres du cœur de son pénitent réfractaire ; et, sachant à qui il avait affaire, il lui répondit avec circonspection :

— Loin de moi la présomption de vouloir interpréter les jugemens du ciel ! Mais nous lisons dans l'Écriture que, lorsque les pères mangent des raisins verts, les dents des enfans sont agacées. Quoi de plus raisonnable que nous soyons punis de notre orgueil et de notre obstination par un châtiment fait pour abattre et humilier cet esprit de vanité et de rébellion ? Vous-même, vous devez savoir si la maladie de votre neveu remonte à une époque antérieure à celle où vous avez conçu le projet d'abandonner la bannière de la croix.

Hugues de Lacy se recueillit un instant, et reconnut, comme c'était la vérité, que jusqu'au moment où il avait songé à épouser Eveline la santé de son neveu ne s'était pas démentie. Son silence et sa confusion n'échappèrent pas à l'adroit prélat. Il prit la main du guerrier, qui, debout devant lui, était tourmenté d'inquiétude, et tremblait que la faute qu'il avait commise en s'occupant de perpétuer sa noble maison au lieu de songer au vœu qu'il avait fait de marcher au secours du saint sépulcre, n'eût été punie par la maladie qui menaçait la vie de son neveu.

— Courage, noble De Lacy! lui dit-il; le jugement provoqué par un moment de présomption peut être détourné par le repentir et la prière. L'aiguille du cadran recula à la prière d'un saint roi : tombez à genoux, et ne doutez pas qu'à l'aide de la confession et de la pénitence vous ne puissiez encore obtenir le pardon de la tiédeur que vous avez montrée pour la cause du ciel.

Les idées religieuses dans lesquelles le connétable avait été élevé, et sa crainte que la maladie dangereuse de son neveu ne fût une punition du délai qu'il avait sollicité, l'emportèrent enfin. Il s'agenouilla devant le prélat qu'il venait de braver, lui confessa, comme un péché que le plus sincère repentir pouvait seul expier, le désir qu'il avait eu de différer son départ pour la Palestine, et se soumit, sinon bien volontairement, du moins avec résignation, à la pénitence que Baudouin lui imposa, et qui consistait à ne pas célébrer son mariage avec Eveline avant son retour de la Terre-Sainte, où son vœu l'obligeait de rester trois ans.

— Et maintenant, noble De Lacy, dit le prélat, vous encore une fois le plus cher et le plus honoré de mes amis, votre conscience n'est-elle pas soulagée d'un grand poids depuis que vous avez si dignement acquitté votre dette envers le ciel, et purifié votre ame de ces taches mondaines dont l'égoïsme l'avait souillée, et qui en ternissaient le brillant?

— Le plus grand soulagement que je pourrais avoir en ce moment, répondit le connétable en soupirant, ce serait d'apprendre que mon neveu n'est plus en danger.

— Ne perdez pas toute espérance pour le noble Damien, pour votre digne et valeureux parent, dit l'archevêque ; j'espère que vous apprendrez bientôt sa guérison, ou que, s'il plaît à Dieu de l'appeler à lui, son passage dans un meilleur monde sera si facile, et son arrivée dans le port du bonheur si prompte, qu'il vaudra mieux pour lui d'être mort que de continuer à vivre.

Le connétable leva les yeux sur lui, comme pour juger, d'après sa physionomie, s'il avait plus de certitude de l'état actuel de son neveu que ce qu'il venait de dire ne semblait devoir le faire supposer. Mais le prélat, ne voulant pas être pressé davantage sur ce sujet, et craignant de s'être déjà trop avancé, agita une sonnette d'argent qui était devant lui sur la table, et son chapelain étant arrivé à ce signal, il lui ordonna de faire partir à l'instant un messager diligent pour aller chercher des nouvelles exactes de l'état dans lequel se trouvait Damien de Lacy.

— Un exprès, dit le chapelain, vient d'arriver à l'instant du logement du noble Damien de Lacy, et demande à parler au lord connétable.

— Qu'il entre sur-le-champ ! dit l'archevêque ; j'ai un pressentiment qu'il nous apporte d'heureuses nouvelles. Je n'ai jamais vu un repentir si humble, une renonciation si complète aux affections et aux désirs de la nature humaine pour s'occuper du service du ciel, rester sans récompense temporelle ou spirituelle.

Comme il finissait de parler, un homme singulièrement vêtu entra dans l'appartement. Ses vêtemens, de diverses couleurs, étaient disposés d'une manière bizarre; et, n'étant ni très-neufs ni très-propres, ils ne semblaient guère lui permettre de se présenter dans la compagnie devant laquelle il se trouvait.

— Que veut dire cela, drôle? s'écria l'archevêque; depuis quand des jongleurs et des ménestrels osent-ils paraître devant des hommes de notre rang, sans en avoir reçu la permission?

— Sous votre bon plaisir, milord, ce n'est pas à Votre Révérence que j'ai affaire en ce moment; c'est à milord le connétable; et j'espère que les bonnes nouvelles que je lui apporte me feront pardonner mon mauvais habit.

— Eh bien! parle donc, s'écria Hugues de Lacy. Mon neveu vit-il encore?

— Il vit, milord; et l'on peut espérer qu'il vivra long-temps. Une crise favorable, comme l'appellent les médecins, vient d'avoir lieu, et ils disent qu'ils ne craignent plus pour sa vie.

— Béni soit Dieu qui m'a fait une telle grace! s'écria le connétable.

— *Amen!* dit le prélat d'un ton solennel. Quand cet heureux changement est-il arrivé?

— Il y a tout au plus une demi-heure, milord. Un doux sommeil est tombé sur ses yeux, comme la rosée sur l'herbe desséchée par les chaleurs de l'été; il a respiré plus librement; l'ardeur de la fièvre s'est calmée, et, comme je vous le disais, les médecins n'ont plus de crainte pour ses jours.

— Faites-vous attention à l'heure, milord connétable? dit Baudouin avec un air de triomphe. C'était l'instant où vous vous rendiez aux avis que le ciel vous donnait par le plus humble de ses serviteurs. Deux mots de repentir sincère, une prière; quelque saint propice qui a intercédé pour vous, — et votre humble demande a été exaucée sur-le-champ. Noble Hugues de Lacy, continua-t-il en lui prenant la main avec une sorte d'enthousiasme, il faut que le ciel se propose de faire de grandes choses par la main de celui dont il pardonne si facilement les fautes, dont il exauce si promptement les prières ! Un *Te Deum* sera chanté, avant qu'il se passe vingt-quatre heures, dans tous les couvens et dans toutes les églises de Glocester, en actions de grace de cette faveur insigne.

Le connétable, plein de joie, quoique peut-être moins prompt à découvrir une faveur spéciale de la Providence dans la guérison de son neveu, témoigna sa satisfaction à celui qui lui avait apporté de si bonnes nouvelles en lui jetant sa bourse.

— Je vous remercie, milord; mais, si je me baisse pour ramasser ce premier gage de vous bontés, ce n'est que pour en faire la remise entre vos mains.

— Comment, drôle ! il me semble que ton pourpoint n'est pas assez bien doublé pour que tu refuses un pareil présent.

— Celui qui veut prendre des alouettes, milord, ne doit pas tendre ses gluaux aux moineaux. J'ai un don plus considérable à vous prier de m'octroyer, et c'est pourquoi je n'accepte pas celui que vous voulez bien me faire.

— Un don à t'octroyer ! Ah ! je ne suis pas chevalier errant, pour me lier par une promesse sans savoir ce dont il s'agit. Viens demain matin à mon pavillon, et tu me trouveras disposé à faire pour toi tout ce qui sera raisonnable.

Le connétable prit alors congé de l'archevêque, pour retourner sous sa tente; mais, chemin faisant, il ne manqua pas de passer chez son neveu, où il reçut l'agréable confirmation des bonnes nouvelles que lui avait apportées le messager à habits bigarrés.

CHAPITRE XIX.

> « C'était un ménestrel, menant joyeuse vie,
> » A la sagesse unissant la folie ;
> » Prudent avec les gens de bien,
> » Avec les autres franc vaurien ;
> » Parmi les gens joyeux grand ami de la joie. »
>
> ARCHIBALD ARMSTRONG.

Les événemens de la veille avaient intéressé si vivement le connétable, qu'il se trouva aussi fatigué qu'après une bataille long-temps disputée. Il dormit profondément jusqu'au moment où les premiers rayons du jour vinrent l'éveiller dans sa tente. Ce fut alors qu'il réfléchit, avec une sensation mêlée de plaisir et de chagrin, sur le changement survenu dans sa situation depuis la matinée précédente.

Il s'était levé la veille amant plein d'ardeur, brûlant du désir de paraître aimable aux yeux de sa belle maîtresse, et il avait donné autant de soin et d'attention à sa toilette que s'il eût été aussi jeune que ses désirs étaient vifs et ses espérances prochaines. Mais il n'en était plus de même alors; il avait devant lui la triste perspective de quitter sa fiancée pour plusieurs années, avant que l'hymen l'eût unie à lui par des nœuds indissolubles, et la pensée pénible de la laisser exposée à tous les dangers qui peuvent assaillir la constance d'une femme dans une position si critique.

La santé de son neveu ne lui donnant plus de craintes si pressantes, il fut tenté de croire qu'il s'était trop pressé d'écouter les argumens de l'archevêque, et de s'imaginer que la mort ou la guérison de Damien dépendait de l'exécution littérale et instantanée du vœu qu'il avait fait d'aller à la Terre-Sainte. — Combien de rois et de princes, se disait-il à lui-même, après avoir pris la croix, ont différé leur départ, et même ne sont jamais partis! Et cependant ils ont vécu, ils sont morts honorés et respectés, sans avoir essuyé de malheurs tels que celui dont Baudouin me menaçait. Et en quoi méritaient-ils d'éprouver plus d'indulgence que moi? Mais le sort en est jeté maintenant, et il n'importe guère de savoir si mon obéissance aux ordres de l'Église a sauvé les jours de mon neveu, ou si j'ai succombé, comme les lords temporels succombent toujours quand ils ont à lutter contre les lords spirituels. Plaise à Dieu qu'il en soit autrement! car, en ceignant mon épée comme champion du ciel, je pourrais du moins espérer sa protection pour celle que je suis forcé à quitter.

Tandis qu'il était occupé de ces réflexions, il entendit les gardes placés à l'entrée de sa tente crier: *Qui va là?* à quelqu'un qui semblait s'approcher. L'individu ainsi interpellé parut s'arrêter, et quelques instans après on entendit le son d'une rote, espèce de luth dont les cordes étaient mises en vibration par le moyen d'une petite roue. Après un court prélude une voix mâle, ayant assez d'étendue, chanta agréablement des strophes dont les vers, traduits en langue moderne, exprimaient à peu près ce qui suit :

> Le jour paraît; éveille-toi, soldat!
> Ce n'est pas du sommeil que naquit la victoire,
> Ce n'est pas quand le jour d'un trop paisible éclat
> Dore les monts déserts que se montre la gloire.
> C'est quand on le voit resplendir
> Sur l'acier brillant d'une armure,
> Qu'il présente dans l'avenir
> D'une moisson d'honneur le favorable augure.
> Ton bouclier doit être dans ta main
> L'effroi de l'ennemi, le miroir du matin.
>
> Aux armes donc! Au premier point du jour
> Le laboureur a lâché sa charrue;
> Le fauconnier a saisi son autour;
> Le chasseur dans les bois commence une battue;
> Le savant prend avec ardeur
> Ses livres et son écritoire;
> Mais toi, ta moisson, c'est l'honneur;
> Tes livres, l'art de vaincre; et ton gibier, la gloire.
> Ton bouclier doit être dans ta main
> L'effroi de l'ennemi, le miroir du matin.
>
> Le laboureur est mal récompensé,
> Le chasseur lassé perd sa peine;
> Et du savant le travail empressé
> Ne produit que des mots que l'on comprend à peine.
> Pourtant ils devancent le jour,
> Quand tu dors encor sous ta tente.
> Prends donc tes armes à ton tour,
> Enfant de nobles preux, et répands l'épouvante.
> Ton bouclier doit être dans ta main
> L'effroi de l'ennemi, le miroir du matin.

Lorsque ces strophes furent terminées, le connétable

entendit qu'on parlait, et presque au même instant Philippe Guarine entra sous son pavillon, et lui dit qu'un homme qui prétendait avoir un rendez-vous avec lui demandait à lui parler.

— Un rendez-vous avec moi! dit de Lacy. Qu'il entre sur-le-champ.

Il vit alors paraître le messager de la veille, tenant d'une main un petit chapeau surmonté d'une plume, et de l'autre la *rote* dont il venait de jouer. Vêtu de la manière la plus bizarre, il portait plusieurs soubrevestes les unes sur les autres, des couleurs les plus brillantes, et disposées de manière à contraster l'une avec l'autre, et il avait par-dessus un manteau normand fort court, d'un vert éclatant. On voyait à sa ceinture brodée, au lieu d'armes offensives, d'un côté une écritoire, de l'autre un couteau de table. Ses cheveux portaient la marque de la tonsure cléricale, ce qui annonçait qu'il était parvenu à un certain rang dans sa profession; car la gaie science, comme on nommait alors la profession de ménestrel, avait différens degrés, de même que l'Église et la chevalerie.

Les traits et les manières de cet homme semblaient peu d'accord avec son costume et son métier, car autant les couleurs de ses vêtemens étaient brillantes, autant sa physionomie était grave et même sombre, à moins qu'elle ne fût animée par l'enthousiasme de la poésie et de la musique : elle paraissait indiquer l'habitude de la réflexion, plutôt que la vivacité inconsidérée de la plupart de ses confrères. Sans être beaux, ses traits avaient quelque chose de frappant, et le contraste des couleurs éclatantes de ses vêtemens et leur forme singulière ajoutaient encore à leur effet.

— Bonjour, l'ami, dit le connétable, qu'un mouvement secret portait à lui accorder sa protection ; je te remercie de la chanson dont tu m'as régalé ce matin : tu l'as fort bien chantée, et l'idée en est bonne. Quand on invite quelqu'un à songer combien le temps passe rapidement, on lui fait honneur en supposant qu'il peut employer avec avantage un trésor si fugitif.

L'étranger, qui l'avait écouté en silence et d'un air réfléchi, parut faire un effort sur lui-même pour lui répondre. — Mes intentions du moins étaient bonnes, dit-il, quand j'ai osé troubler Votre Seigneurie de si bonne heure ; et je suis charmé d'apprendre qu'elle n'a pas été offensée de ma hardiesse.

— Mais tu voulais me prier de t'octroyer un don. Explique-moi ta demande, et sois bref, car je n'ai pas beaucoup de loisir. Que désires-tu ?

— La permission de vous suivre à la Terre-Sainte, milord.

— Tu me demandes ce que je puis à peine t'accorder, l'ami. N'es-tu pas ménestrel ?

— Indigne gradué de la gaie science, milord. Permettez-moi pourtant de vous dire que je ne céderais pas la palme même au roi des ménestrels, Geoffroy Rudel, quoique le roi d'Angleterre lui ait donné quatre domaines pour une chanson ; je la lui disputerais en romance, en lai ou en fabliau, dussé-je avoir pour juge le roi Henri lui-même.

— Je vois que tu as bonne opinion de tes talens ; et cependant, sire ménestrel, tu ne viendras pas avec moi. Il ne se trouve déjà parmi les croisés que trop de fainéans de ta profession, et si tu ajoutes à leur nombre, ce ne sera pas sous mon patronage. Je suis trop vieux pour me laisser séduire par ton art, à quelque degré que tu puisses le posséder.

Le ménestrel répondit avec un ton d'humilité, comme s'il eût craint que la liberté qu'il se permettait n'offensât le connétable : — Celui qui est assez jeune pour sentir le pouvoir de l'amour et pour l'inspirer à la beauté, ne doit pas se dire trop vieux pour être sensible aux charmes de l'art des ménestrels.

Cette flatterie, qui donnait au connétable les traits et le caractère d'un jeune galant, ne lui fut pas désagréable, et il dit en souriant : — Je garantis que tu es un bouffon, indépendamment de tes autres talens.

— Non, milord. C'est une branche de notre profession à laquelle j'ai renoncé depuis quelque temps. Ma voix n'est plus d'accord pour les bouffonneries, et c'est la fortune qui en est cause.

— Eh bien, camarade, si tu as éprouvé les rigueurs du sort, et que tu puisses te soumettre à la stricte discipline de ma maison, il est possible que nous nous convenions mieux que je ne le pensais. Comment t'appelles-tu? quel est ton pays? Il me semble que ton accent a quelque chose d'étranger.

— Je suis né dans l'Armorique, milord, près des rives du Morbihan, ce qui me donne l'accent que vous avez remarqué. Je me nomme Renault Vidal.

— Eh bien, Renault, tu m'accompagneras, et je donnerai ordre à l'intendant de ma maison de te faire vêtir d'une manière conforme à ta profession, mais un peu plus convenable que ta mise actuelle. Connais-tu un peu le maniement des armes?

— Un peu, milord, répondit Vidal. Et prenant une épée déposée sur une chaise, il se mit à faire des passes de manière à toucher presque le connétable, qui était assis sur un canapé?

— A quoi songes-tu donc, misérable? s'écria Hugues de Lacy en se levant.

— Comment! noble seigneur, répondit Vidal en baissant avec respect la pointe de son épée; votre expérience est-elle alarmée par la première preuve de la légèreté de ma main? Je puis vous en donner cent autres.

— Cela peut être, répondit le connétable, un peu honteux que le mouvement vif et soudain d'un jongleur lui eût fait montrer quelque émotion; mais je n'aime pas qu'on plaisante avec des armes affilées; j'ai assez d'occasions d'en donner et d'en recevoir des coups très-sérieux, pour ne pas vouloir en faire un jouet. Dispense-toi donc de semblables tours d'adresse à l'avenir. Retire-toi maintenant, et envoie-moi mon écuyer et mon valet de chambre, afin que je me prépare à aller à la messe.

L'intention du connétable, après avoir rempli les devoirs religieux de la matinée, était d'aller voir l'abbesse, et de lui communiquer, avec les précautions et les modifications nécessaires, le changement survenu dans ses projets à l'égard d'Eveline, par suite de sa résolution forcée de partir pour la croisade avant de couronner la cérémonie des fiançailles par la solennité du mariage. Il savait qu'il ne lui serait pas facile de déterminer la bonne dame à approuver ce délai sérieux, et il retarda quelque temps sa visite, afin de réfléchir au meilleur moyen à prendre pour lui annoncer cette mauvaise nouvelle, de manière à la rendre moins désagréable. Il passa d'abord chez son neveu, dont la maladie continuait à offrir des symptômes favorables, comme si c'eût été véritablement la suite miraculeuse de la soumission qu'il avait montrée lui-même aux avis de l'archevêque.

En sortant du logement de Damien, le connétable se rendit enfin au couvent des Bénédictines. L'abbesse était déjà instruite de la nouvelle qu'il venait lui annoncer, et c'était de la bouche de Baudouin lui-même qu'elle l'avait apprise. Le primat avait cru en cette occasion devoir se charger du rôle de médiateur. Sachant fort bien que la victoire qu'il avait remportée la veille sur Hugues de Lacy devait avoir placé celui-ci dans une situation délicate vis-à-vis des parens de sa fiancée, il voulait, par son crédit et son autorité, prévenir les querelles qui pouvaient en être la suite. Peut-être aurait-il mieux fait de laisser au connétable le soin de plaider lui-même sa cause; car l'abbesse, tout en écoutant ce que lui disait l'archevêque avec le respect dû au premier dignitaire de l'église d'Angleterre, tira du changement de résolution d'Hugues de Lacy des conséquences auxquelles le prélat ne s'était pas attendu. Elle ne s'opposa nullement à ce que le connétable accomplît le vœu qu'il avait fait; mais elle insista fortement pour que les fiançailles fussent annulées, et que les deux fiancés redevinssent entièrement libres de faire un autre choix.

Ce fut en vain que Baudouin s'efforça d'éblouir l'abbesse en lui faisant envisager l'honneur dont le connétable allait se couvrir dans la Terre-Sainte, ajoutant que cet honneur rejaillirait non-seulement sur son épouse, mais encore sur tous ceux qui lui étaient attachés par les liens du sang, jusqu'au degré le plus éloigné. Toute son éloquence fut inutile, et ce fut en vain qu'il lui fit prendre tout son essor dans une occasion où il désirait si vivement qu'elle triomphât. A la vérité, quand il eut épuisé tous ses argumens, l'abbesse garda le silence quelques instans; mais c'était uniquement pour réfléchir à la manière dont elle s'y prendrait pour lui faire entendre qu'on ne pouvait espérer que le but principal du mariage serait rempli. Comment pourrait-elle se flatter de voir se perpétuer la maison de son père et de son frère par les fruits naturels d'une heureuse union, si le nœud conjugal ne resserrait celui des fiançailles, et si les deux époux n'habitaient pas le même pays? Elle soutint donc que le connétable ayant changé d'intention, quant à ce point important, les fiançailles devaient devenir nulles et de nul effet; et elle demanda au prélat comme un acte de justice, que, comme son intervention avait empêché Hugues de Lacy d'exécuter son premier projet, il employât son influence sur lui pour l'engager à dissoudre entièrement un engagement dont le caractère n'était plus le même que lorsqu'il avait été contracté.

Le primat, qui sentait que si De Lacy avait manqué à sa promesse, c'étaient ses conseils qui l'y avaient déterminé, crut que le soin de son honneur et de sa réputation exigeait qu'il prévînt les conséquences désagréables qu'aurait pour son ami la rupture d'un engagement dont l'amour et l'intérêt réclamaient également le maintien. Il blâma l'abbesse d'avoir relativement au mariage, elle dignitaire de l'Église, des idées si charnelles et si mondaines; il lui reprocha de se rendre coupable d'égoïsme en préférant la continuation de la famille de Bérenger à la délivrance du saint sépulcre, et la menaça de la vengeance du ciel, qui la punirait de la politique étroite et purement humaine qui lui faisait embrasser les intérêts d'une famille plutôt que ceux de toute la chrétienté.

Après avoir débité cette homélie d'un ton sévère, l'archevêque prit congé de l'abbesse, qu'il laissa fort courroucée, quoiqu'elle eût prudemment évité de répondre avec irrévérence à son admonition paternelle.

Ce fut dans cette humeur que le connétable trouva la vénérable dame quand, avec beaucoup d'embarras, il commença à lui expliquer les motifs qui l'obligeaient à partir sur-le-champ pour la Palestine.

Elle reçut cette annonce avec une dignité froide; on eût dit que l'orgueil soulevait jusqu'aux plis de sa grande robe noire et de son scapulaire, tandis qu'elle écoutait les détails des raisons et des circonstances qui obligeaient le connétable de Chester à différer d'accomplir le plus cher désir de son cœur jusqu'à son retour de la croisade pour laquelle il allait partir.

— Il me semble, répliqua l'abbesse avec beaucoup de froideur, que, si ce que vous venez de me dire est sérieux, et vous ne parlez ni d'une affaire ni à une personne qui puissent permettre la plaisanterie; — il me semble, dis-je, que le connétable de Chester aurait dû nous faire connaître hier ses intentions avant la cérémonie de ses fiançailles avec ma nièce Eveline Bérenger; cérémonie qui a eu lieu dans l'attente d'un résultat tout différent de ce qu'il vient nous annoncer aujourd'hui.

— Sur ma parole de gentilhomme et de chevalier, vénérable dame, je ne me doutais nullement alors que je me trouverais forcé à une démarche qui est aussi désespérante pour moi qu'elle vous est désagréable, comme je le vois avec peine.

— C'est difficilement que je conçois l'urgence de ces raisons, milord. Elles existaient dès hier; pourquoi ont-elles tardé jusqu'à aujourd'hui à frapper votre esprit si vivement?

— J'avoue.... je conviens que je m'étais trop livré à l'espoir d'obtenir une dispense de mon vœu, et l'archevêque de Cantorbéry, dans son zèle pour la cause du ciel, a jugé à propos de me la refuser.

— En ce cas, dit l'abbesse, cachant son ressentiment sous le voile de la plus grande froideur, vous nous rendrez du moins la justice de nous remettre dans la situation où nous étions ce matin; vous vous joindrez à ma nièce et à ses parens pour demander la nullité des fiançailles qui ont été célébrées dans des vues toutes différentes de celles que vous avez aujourd'hui, et vous rendrez à cette jeune personne la liberté dont elle est maintenant privée par suite de l'engagement qu'elle a contracté avec vous.

— Ah! madame, s'écria le connétable, qu'exigez-vous de moi? Pouvez-vous me demander d'un ton si froid et si indifférent que je renonce à une espérance, la plus chère qui soit jamais entrée dans mon cœur?

— Je ne connais rien à ce langage ni à de pareils sentimens, milord; mais il me semble qu'il ne faudrait qu'un peu, bien peu d'empire sur moi-même pour renoncer tout-à-fait à une espérance dont on peut si facilement ajourner l'accomplissement pendant des années.

Hugues de Lacy se promena dans le parloir d'un air fort agité, et fut assez long-temps sans répondre. — Si votre nièce, madame, dit-il enfin, partage les sentimens que vous venez d'exprimer, je ne serais juste ni envers elle, ni peut-être envers moi-même, si je persistais à vouloir conserver les droits que nos fiançailles m'ont donnés sur elle. Mais c'est de sa propre bouche que je veux apprendre mon sort. S'il est aussi sévère que vos discours me donnent lieu de le croire, je serai le meilleur des soldats du ciel qui vont partir pour la Palestine, car je laisserai derrière moi bien peu de chose qui puisse m'intéresser sur la terre.

L'abbesse, sans lui répondre, appela une religieuse, et lui donna ordre d'aller prier sa nièce de venir la trouver sur-le-champ. La religieuse la salua avec respect, et se retira.

— Me permettez-vous de vous demander, dit Hugues de Lacy, si lady Eveline connaît les circonstances qui ont occasioné ce malheureux changement dans mes projets ?

— Je lui ai rapporté de point en point tout ce que m'avait appris ce matin l'archevêque de Cantorbéry, avec lequel j'ai déjà eu une conversation à ce sujet, et dont je viens de recevoir la confirmation de votre propre bouche.

— J'ai sans doute beaucoup d'obligation au prélat, dit le connétable avec aigreur, de m'avoir ainsi devancé pour présenter mes excuses aux personnes à qui il était si important pour moi de bien développer les motifs qui m'ont fait agir, pour qu'elles pussent les apprécier avec indulgence.

— C'est un article de compte que vous pouvez avoir à régler avec l'archevêque, milord ; cela ne nous concerne nullement.

— Puis-je espérer, continua De Lacy sans se montrer offensé du ton sec de l'abbesse, que lady Eveline a appris ce malheureux changement de circonstances sans émotion, je veux dire sans déplaisir?

— Elle est fille d'un Bérenger, milord, répondit l'abbesse avec hauteur; et nous avons coutume de punir un manque de foi, ou de le mépriser, mais non de nous en affliger. Je ne sais ce que ma nièce pourra faire dans le cas dont il s'agit; je suis une femme dévouée à la religion, séquestrée du monde, et je ne puis que lui conseiller la paix et le pardon des injures qu'ordonne le christianisme, joint au sentiment de mépris dû à l'indigne traitement qu'elle reçoit. Mais elle a des vassaux, des amis, des parens, qui, par un zèle aveugle, inspiré par l'honneur mondain, lui recommanderont sans doute de ne pas laisser cette injure sans vengeance, mais d'en appeler au roi, ou aux armes des anciens soldats de son père, à moins qu'on ne lui rende sa liberté en annulant un engagement qu'on lui a fait contracter par subreption. Mais la voici, elle va vous répondre elle-même.

Eveline entra en ce moment, appuyée sur le bras de Rose. Elle avait quitté le deuil depuis la cérémonie des fiançailles, et elle portait une jupe blanche et une robe d'un bleu pâle. Sa tête était couverte d'un voile de gaze si transparent, qu'il ressemblait à ces vapeurs légères dont les peintres environnent celle d'un séraphin. Mais les traits d'Eveline, quoique doués d'une beauté presque angélique, étaient bien loin en ce moment d'offrir l'expression tranquille qu'on donne à la physionomie de ces êtres célestes. Tous ses membres tremblaient; ses joues étaient pâles, et un cercle rouge autour de ses paupières annonçait qu'elle venait de verser des larmes. Cependant, au milieu de ces symptômes d'incertitude et d'angoisse, on remarquait en elle un air de profonde résignation ; une résolution de s'acquitter de ses devoirs dans toutes les circonstances régnait dans l'expression solennelle de ses yeux et de son front, et prouvait qu'elle cherchait à réprimer l'agitation qu'elle ne pouvait entièrement subjuguer. Ce mélange de courage et de timidité qu'on devinait dans sa physionomie lui prêtait un charme nouveau ; jamais elle n'avait paru si séduisante qu'en ce moment : Hugues de Lacy, qui n'avait été jusqu'alors qu'un amant peu passionné, éprouva toute la vivacité des sentimens les plus romanesques. La belle Eveline était à ses yeux comme un être descendant d'une sphère supérieure, dont la sentence allait décider de son bonheur ou de son malheur, de sa vie ou de sa mort.

Cédant à l'entraînement du moment, le guerrier fléchit un genou devant Eveline, lui saisit une main qu'elle lui laissa prendre plutôt qu'elle ne la lui présenta, la pressa sur ses lèvres avec ardeur, et y laissa tomber quelques larmes, lui qui n'en avait jamais versé beaucoup. Mais, quoique surpris, et entraîné hors de son caractère par cette émotion soudaine, il reprit son sang-froid en voyant que l'abbesse regardait son humiliation, si ce terme n'est pas impropre, avec un air de triomphe, et il commença à se disculper devant Eveline, non sans agitation, non sans inquiétude, mais avec une noble fierté, et d'un ton de fermeté dont le but semblait être de montrer qu'il ne s'en laissait pas imposer par l'abbesse.

— Milady, dit-il à Eveline, votre vénérable tante vous a appris dans quelle malheureuse position je me trouve depuis hier soir par suite de la rigueur de l'archevêque de Cantorbéry, ou plutôt, devrais-je dire, par suite de l'interprétation juste, quoique sévère, qu'il donne au vœu que j'ai fait de prendre part à la croisade. Je ne doute pas que la respectable abbesse ne vous ait communiqué tous ces détails avec la plus grande exactitude; mais comme je ne dois plus compter sur son amitié, il m'est permis de craindre qu'elle ne m'ait pas rendu justice dans les commentaires qu'elle a pu faire sur la fâcheuse nécessité qui me force à quitter mon pays, et à renoncer, du moins pour un certain temps, aux plus belles espérances qu'un homme ait jamais pu concevoir. Cette vénérable dame m'a reproché d'être moi-même la cause du délai qu'éprouve la célébration de la cérémonie qui devait suivre nos fiançailles, et de vouloir la laisser suspendue pendant un nombre d'années indéfini. Personne ne renonce volontairement à des droits aussi précieux que ceux que vous m'avez accordés hier; et sans qu'on m'accuse de trop d'ostentation, qu'il me soit permis de dire que, plutôt que de les céder à tout homme né d'une femme, je les soutiendrais en champ clos, contre tous les assaillans, avec la lance à fer émoulu et l'épée à deux tranchans. Mais ce que je défendrais au prix de mille fois ma vie, je suis prêt à y renoncer, si je ne puis le conserver sans qu'il vous en coûte un soupir. Si donc vous croyez que vous ne pouvez vivre heureuse comme fiancée d'Hugues de Lacy, parlez, je consens que nos fiançailles deviennent nulles, et rendez heureux un homme plus fortuné que moi.

Il en aurait dit davantage; mais il sentit qu'il était sur le point de céder une seconde fois à son émotion; et cet état était si nouveau pour lui, qu'il ne pouvait s'empêcher d'en rougir.

Eveline gardait le silence; l'abbesse prit la parole.

— Ma nièce, dit-elle, vous entendez que la générosité, ou pour mieux dire la justice du connétable de Chester, vous propose, attendu son prochain départ pour une expédition lointaine et dangereuse, d'annuler les fiançailles qui n'ont eu lieu que parce qu'il avait été expressément et précisément entendu qu'il resterait en Angleterre. Il me semble que vous ne pouvez hésiter à accepter la liberté qu'il offre de vous rendre, en le remerciant de sa bonne volonté. Quant à moi, je réserve mes remerciemens jusqu'à ce que je voie si votre demande à tous deux suffira pour obtenir que la nullité de vos fiançailles soit prononcée par l'archevêque de Cantorbéry, qui peut encore exercer sur les actions et les résolutions de son ami le lord connétable la même influence dont il vient de donner une telle preuve, sans doute par zèle pour ses intérêts spirituels.

— Si vous voulez dire par ces paroles, vénérable dame, dit Hugues de Lacy, que j'ai dessein de me couvrir de l'autorité du prélat pour me dispenser d'accomplir ce que je viens de promettre, ce que je déclare que je suis prêt à faire, quoiqu'à contre-cœur, tout ce que je puis vous répondre, c'est que vous êtes la première qui ait jamais douté de la parole d'Hugues de Lacy.

Et quoique ce fût à une femme, à une recluse, que le fier baron tînt ce langage, ses yeux étincelaient, et ses joues étaient enflammées.

— Ma bonne et vénérable tante, dit Eveline rassemblant toute sa résolution, et vous, milord, ne vous offensez pas si je vous prie tous deux de ne pas augmenter par des soupçons sans fondement, et par un ressentiment précipité, les difficultés dont nous sommes tous entourés. Les obligations que je vous ai, milord, sont d'une telle nature, que je ne pourrais jamais m'acquitter envers vous, puisqu'elles comprennent la fortune, la vie et l'honneur. Apprenez que, dans la profonde angoisse qui me dévorait lorsque les Gallois m'assiégeaient dans mon château de Garde-Douloureuse, je fis vœu, devant l'image de la sainte Vierge, que, mon honneur sauf, je me mettrais à la disposition de celui que Notre-Dame choisirait pour être l'instrument de ma délivrance, dans cette heure d'agonie mortelle. En me donnant un libérateur, elle m'a donné un maître, et je n'en pouvais désirer un plus noble qu'Hugues de Lacy.

— Milady, s'écria le connétable avec vivacité, comme s'il eût craint que le courage ne lui manquât pour exprimer la renonciation qu'il allait faire, — à Dieu ne plaise que je veuille profiter des liens dont vous vous êtes chargée dans un moment d'extrême détresse, pour vous forcer à prendre une résolution qui ne serait pas d'accord avec votre inclination.

L'abbesse elle-même ne put s'empêcher d'applaudir au sentiment qui venait de faire parler le connétable, et déclara que c'était agir en chevalier normand. Mais en même temps ses yeux tournés vers sa nièce semblaient l'exhorter à ne pas refuser de profiter de la générosité de De Lacy.

Mais Eveline, baissant les yeux avec une rougeur modeste, continua à développer ses propres sentimens sans écouter les suggestions de personne.

— J'avouerai, milord, dit-elle, que lorsque votre valeur m'eut sauvée d'une ruine si prochaine, j'aurais désiré, vous honorant et vous respectant comme mon digne père, votre ancien ami, que vous n'eussiez demandé de moi que la tendresse d'une fille. Je ne vous dirai pas que j'ai entièrement surmonté ce sentiment, quoique je l'aie combattu comme indigne de moi, et comme ne répondant pas à la reconnaissance que je vous dois. Mais, depuis qu'il vous a plu de me faire l'honneur de me demander ma main, j'ai examiné avec soin mes sentimens pour vous; je me suis appris à les mettre d'accord avec mon devoir; en un mot, je me suis assurée qu'Hugues de Lacy ne trouvera pas dans Eveline Berenger une épouse indifférente et indigne de lui. Vous pouvez en être bien convaincu, milord, soit que cette union ait lieu sur-le-champ, soit qu'elle soit remise à une époque plus éloignée. J'irai encore plus avant; je vous avouerai que le délai apporté à notre mariage me sera plus agréable que sa célébration immédiate. Je suis encore bien jeune et sans aucune expérience, et j'espère que deux ou trois ans me rendront plus digne de l'affection d'un homme d'honneur.

En entendant Eveline se déclarer ainsi en sa faveur, quoique avec un peu de froideur et de réserve, De Lacy eut autant de peine à modérer ses transports de joie qu'il en avait eu auparavant à réprimer une agitation provenant d'une cause toute différente.

— Ange de bonté et d'indulgence! s'écria-t-il en fléchissant de nouveau un genou devant elle, et en lui prenant encore la main, l'honneur devrait peut-être me faire renoncer volontairement à une espérance que vous refusez si généreusement de me ravir. Mais qui serait capable d'une magnanimité si désintéressée? Permettez-moi d'espérer que mon attachement à toute épreuve, et ce que vous entendrez dire de moi quand je serai loin de vous, ce que je vous en apprendrai moi-même quand vous me verrez de retour, pourront donner à vos sentimens pour moi plus de chaleur que vous n'en exprimez maintenant. En attendant ne me blâmez pas si j'accepte de nouveau, sous les conditions que vous y attachez, la foi que vous m'aviez déjà promise. Je sais que je suis devenu sensible à l'amour dans un âge trop avancé pour espérer en retour de ma tendresse cette affection ardente que la jeunesse seule peut obtenir; mais ne me blâmez pas si je me contente de ce sentiment plus calme qui peut rendre la vie heureuse sans faire éprouver les transports de la passion Votre main reste immobile dans la mienne, elle ne répond pas à celle qui la presse; serait-il possible qu'elle refusât de ratifier ce que votre bouche vient de prononcer.

— Non, noble De Lacy, non! répondit Eveline avec plus de chaleur qu'elle n'en avait montré jusqu'alors; et il parait que le ton avec lequel elle dit ce peu de mots était assez encourageant, puisqu'il enhardit le connétable au point d'en aller chercher la garantie sur les lèvres de sa belle fiancée.

Après avoir reçu ce nouveau gage de fidélité, ce fut avec un air de fierté mêlé de respect qu'il se tourna vers l'abbesse offensée, pour chercher à l'apaiser et à se la concilier.

— Vénérable mère, lui dit-il, je me flatte maintenant que vous me rendrez vos anciennes bontés, dont le cours n'a été interrompu que par suite du tendre intérêt que vous prenez à celle qui nous est si chère à tous deux. Permettez-moi d'espérer que je puis laisser cette fleur de beauté sous la protection de l'honorable dame qui est sa plus proche parente, aussi heureuse et aussi en sûreté qu'elle doit toujours l'être tant qu'elle écoutera vos conseils et qu'elle résidera dans cette enceinte sacrée.

Mais le mécontentement de l'abbesse était trop profond pour qu'elle se laissât gagner par un compliment qu'un politique plus sage aurait peut-être gardé pour un moment où elle aurait été plus calme.

—Milord, dit-elle, et vous, belle nièce, vous avez besoin d'être avertis combien peu mes conseils, que je donne rarement quand on ne les écoute pas avec plaisir, peuvent être utiles à ceux qui sont engagés dans les affaires du monde; je suis une femme consacrée à la religion, à la solitude, à la retraite, en un mot au service de Notre-Dame et de saint Benoît. J'ai déjà été censurée par mon supérieur pour m'être mêlée d'affaires séculières par amour pour vous, belle nièce, plus qu'il n'était convenable à une femme qui est à la tête d'un couvent de recluses. Je ne veux pas mériter d'autres reproches pour un tel sujet, et vous ne pouvez l'attendre de moi. La fille de mon frère, avant d'être chargée de liens mondains, a été la bienvenue quand elle est arrivée pour partager mon humble solitude : mais cette maison n'est pas digne d'être la résidence de la fiancée d'un puissant baron; et je sens que mon humilité et mon inexpérience ne me rendent pas capable d'exercer sur une jeune personne qui se trouve dans une telle situation l'autorité que je dois avoir sur toutes celles que cette demeure protège. La gravité de nos dévotions continuelles, les contemplations toutes spirituelles auxquelles sont dévouées les femmes qui habitent le cloître, continua l'abbesse avec une chaleur et une véhémence qui croissaient à chaque instant, ne seront pas troublées, à cause de mes relations avec le monde, par la présence d'une jeune personne dont toutes les pensées doivent se fixer sur les vanités mondaines de l'amour et du mariage.

— Sur ma foi, révérende mère, dit le connétable, cédant à son tour à son mécontentement, je crois qu'une jeune fille riche, non mariée, et ne paraissant pas devoir l'être, serait regardée comme une habitante plus convenable du couvent, et y serait reçue avec plus de plaisir que celle qui ne peut se séparer du monde, et dont la fortune ne paraît pas devoir augmenter les revenus de la maison.

Le connétable ne rendait pas justice à l'abbesse en se permettant cette insinuation arrachée par le dépit, et elle ne servit qu'à la confirmer dans sa résolution de ne pas se charger de sa nièce pendant l'absence de De Lacy. Dans le fait, elle était aussi désintéressée que fière; et si elle était courroucée contre Eveline, c'était uniquement parce qu'elle n'avait pas suivi son avis sans hésiter, quoiqu'il s'agît d'une affaire qui concernait exclusivement le bonheur de sa nièce.

La réflexion que le connétable venait de faire mal à propos la confirma donc dans la détermination qu'elle avait déjà prise avec précipitation. — Sire chevalier, lui répondit-elle, puisse le ciel vous pardonner vos pensées injurieuses à ses servantes! Il est vraiment temps, pour le salut de votre ame, que vous alliez faire pénitence dans la Terre-Sainte, ayant à vous repentir de jugemens si téméraires. Quant à vous, ma nièce, vous recevrez d'une autre que moi l'hospitalité que je ne pourrais maintenant vous accorder sans justifier d'injustes soupçons; vous avez à Baldringham une parente séculière qui vous tient par le sang presque d'aussi près que moi, et qui peut vous ouvrir ses portes sans encourir l'indigne reproche de vouloir s'enrichir à vos dépens.

Le connétable remarqua la pâleur mortelle dont cette proposition couvrit les joues d'Eveline; et sans connaître la cause de sa répugnance, il s'empressa de la délivrer des appréhensions auxquelles elle semblait évidemment livrée.

— Non, révérende mère, dit-il, puisque vous refusez si durement de prendre soin de votre parente, elle ne sera à charge à aucune autre personne de sa famille. Tant qu'Hugues de Lacy aura six bons châteaux, sans compter d'autres manoirs dont le foyer est en état de recevoir du feu, sa fiancée n'accordera sa société à aucun de ceux qui la regarderaient comme un fardeau et non comme un grand honneur; et il me semble que je serais plus pauvre que le ciel ne l'a voulu si je ne pouvais trouver des amis et des serviteurs en assez grand nombre pour la servir, lui obéir et la protéger.

— Non, milord, dit Eveline, sortant de l'abattement dans lequel l'avait jetée le ton de dureté de sa tante; puisqu'une malheureuse destinée me prive de la protection de la sœur de mon père, entre les bras de laquelle j'aurais pu me jeter avec tant de confiance, je ne demanderai d'asile à aucune parente plus éloignée, et je n'accepterai pas davantage celui que vous m'offrez si généreusement, milord, de peur d'exciter, en l'acceptant, des reproches sévères, et, comme j'en suis sûre, peu mérités, contre celle qui me force à choisir une habitation moins convenable. J'ai pris mon parti. Il est vrai qu'il ne me reste qu'une amie; mais c'est une amie puissante, et en état de me protéger contre le mauvais destin qui semble me poursuivre particulièrement, aussi-bien que contre les maux ordinaires de la vie humaine.

— La reine, je suppose? dit l'abbesse en l'interrompant avec un ton d'impatience.

— La reine du ciel, ma vénérable tante, répondit Eveline; Notre-Dame de Garde-Douloureuse, qui a toujours été favorable à notre maison, et qui m'a spécialement protégée il y a si peu de temps. Il me semble que, puisque celle qui s'est dévouée aux autels de la Vierge me rejette, c'est à sa sainte patrone que je dois demander du secours.

La vénérable dame, se trouvant prise un peu à l'improviste par cette réponse, prononça l'interjection *hum!* d'un ton qui aurait mieux convenu à un Lollard (1), ou à un Iconoclaste qu'à une abbesse catholique et à une fille de la maison de Bérenger. La vérité est que la dévotion héréditaire qu'elle avait eue pour Notre-Dame de Garde-Douloureuse s'était fort affaiblie depuis qu'elle avait reconnu tous les mérites d'une autre image de la Vierge que possédait son propre couvent.

Cependant, se rappelant ce qu'elle se devait à elle-

(1) Les Lollards furent les précurseurs de la grande réformation anglaise, et à peu près les seuls hérétiques connus du temps d'Eveline Berenger. Quelques auteurs font dériver ce nom de celui de Lolhard, sectaire allemand du quatorzième siècle : d'autres de deux mots allemands signifiant *louez le Seigneur*, parce que les Lollards allaient de place en place, priant et chantant des hymnes. Chaucer veut que Lollard vienne du latin *lolium*, ivraie, ces sectaires étant l'ivraie semée dans les champs de l'Eglise. Quoi qu'il en soit, les partisans de Wiclife furent traités de Lollards. Voyez dans les causes célèbres étrangères le procès de lord Cobham, chef de la secte des Lollards. — Éd.

(2) Iconoclastes, hérétiques du Bas-Empire. Ce nom signifie briseur d'images, etc. — Éd.

même, elle garda le silence, tandis que le connétable alléguait que le voisinage des Gallois pouvait rendre Garde-Douloureuse un séjour aussi dangereux pour sa fiancée qu'il l'avait déjà été peu de temps auparavant. Eveline lui répondit en lui rappelant la force redoutable du château, les différens sièges qu'il avait soutenus, et la circonstance importante que le danger qu'elle y avait couru en dernier lieu n'avait été occasioné que parce que son père, pour satisfaire à un point d'honneur, avait fait une sortie à la tête de la garnison, et livré un combat inégal sous les murs de la forteresse. Elle ajouta ensuite qu'il était facile au connétable de choisir parmi leurs vassaux respectifs un sénéchal d'une prudence reconnue, d'une valeur éprouvée, capable en un mot de garantir la sûreté de la place et de celle qui l'habiterait.

Avant que De Lacy pût répondre à ces argumens, l'abbesse se leva les joues enflammées, et d'une voix agitée par la colère, fit valoir son incapacité qui la mettait totalement hors d'état de donner des avis dans les affaires séculières, et les règles de son ordre, qui l'appelaient à remplir les devoirs simples et tranquilles du cloître. A ces mots, elle se retira, laissant les deux fiancés dans le parloir, sans autre compagnie que Rose qui se tenait discrètement à quelque distance.

Le résultat de cette conférence particulière parut être agréable à tous deux; et quand Eveline dit à Rose qu'elles allaient incessamment retourner à Garde-Douloureuse avec une escorte suffisante, et qu'elles y resteraient tant que durerait la croisade, ce fut avec un air de satisfaction sincère que sa fidèle suivante n'avait pas remarqué en elle depuis bien du temps. Elle donna aussi de grands éloges à la manière aimable dont le connétable avait cédé à ses désirs, et parla de toute sa conduite avec une chaleur qui semblait approcher d'un sentiment plus tendre que la reconnaissance.

— Et cependant, ma chère maîtresse, dit Rose, si vous voulez parler franchement, vous avouerez, j'en suis sûre, que vous ne regardez guère que comme un répit l'intervalle des années qui doivent s'écouler entre vos fiançailles et votre mariage.

— J'en conviens, répondit Eveline ; et quelque peu gracieux que puisse paraître ce sentiment, je ne l'ai pas caché à mon futur époux. Mais c'est ma jeunesse, Rose, mon extrême jeunesse qui me fait craindre d'avoir à remplir les devoirs d'épouse d'Hugues de Lacy ; ensuite ces funestes présages m'agitent étrangement. Dévouée au malheur par une de mes parentes, presque chassée de la demeure d'une autre, je suis à mes propres yeux une créature qui doit porter l'infortune avec elle, en quelque lieu qu'elle aille. Ces tristes augures, et les appréhensions qu'ils me causent, se dissiperont avec le temps. Lorsque j'aurai atteint l'âge de vingt ans, Rose, je serai une femme mûre ; mon ame aura acquis toute la force des Bérenger, et je serai en état de vaincre les inquiétudes et les craintes qui tourmentent une jeune fille.

— Ah, ma chère maîtresse, s'écria Rose, je prie Dieu et Notre-Dame de Garde-Douloureuse de conduire les événemens à une heureuse fin ; mais je voudrais que ces fiançailles n'eussent pas eu lieu, ou du moins qu'elles eussent été immédiatement suivies du mariage.

CHAPITRE XX.

« Le tambour bat l'appel : on croyait voir paraître
» Le Grand-Maréchal le premier.
» Les temps étaient changés : à la voix de son maître
» Il n'arriva que le dernier. »

Ancienne ballade.

Si lady Eveline se trouva satisfaite et heureuse après l'entrevue particulière qu'elle avait eue avec le connétable, celui-ci se livra à une joie qu'il n'était habitué ni à éprouver ni à exprimer. Cette joie s'augmenta encore quand il reçut la visite des médecins qui prenaient soin de son neveu, et qui, après lui avoir rendu un compte détaillé et minutieux de sa maladie, lui donnèrent l'assurance d'une guérison prochaine.

Le connétable fit distribuer des aumônes aux pauvres et dans tous les couvents, célébrer des messes dans toutes les églises, et allumer des cierges devant les images de tous les saints. Il alla rendre visite à l'archevêque, qui approuva entièrement tout ce qu'il se proposait de faire, et qui lui promit, en vertu des pleins pouvoirs qu'il tenait du pape, de limiter son séjour dans la Terre-Sainte à un terme de trois ans, à compter du jour où il quitterait l'Angleterre, et en y comprenant le temps nécessaire pour revenir dans son pays natal. En un mot, ayant atteint le but auquel il désirait principalement arriver, le prélat crut qu'il était sage de céder tous les points les moins importans à un homme du rang et du caractère du connétable, puisque le zèle d'un tel croisé était peut-être aussi nécessaire que sa présence personnelle pour assurer le succès de l'expédition.

Le connétable retourna sous son pavillon, très-satisfait de la manière dont il s'était tiré de difficultés qui lui avaient d'abord paru insurmontables. Quand ses officiers se présentèrent pour le déshabiller, car les grands seigneurs, dans le temps de la féodalité, avaient leurs levers et leurs couchers à l'imitation des princes souverains, il leur distribua des largesses en riant, et plaisanta avec eux. Enfin, jamais on n'avait remarqué en lui une si joyeuse humeur.

— Quant à toi, dit-il en se tournant vers Vidal le ménestrel, qui, somptueusement vêtu, se tenait d'un air respectueux au milieu des autres serviteurs du connétable, je ne te donnerai rien à présent; mais reste près de mon lit jusqu'à ce que je sois endormi, et, si je suis content de tes chants, je t'en récompenserai demain matin.

— Milord, répondit Vidal, je suis déjà récompensé par l'honneur d'être à votre service, et par un costume qui conviendrait mieux à un ménestrel royal qu'à un homme dont la réputation est encore bien humble ; mais indiquez-moi un sujet, et je ferai de mon mieux, non par désir d'obtenir de nouveaux bienfaits, mais par reconnaissance pour ceux que j'ai déjà reçus.

— C'est bien, mon brave garçon, dit le connétable ; et, se tournant vers son écuyer, Guarine, ajouta-t-il, place les sentinelles, et reste sous ma tente. Étends-toi sur la peau d'ours, et dors, ou écoute le ménestrel, comme tu le voudras. Il me semble que j'ai entendu dire que tu te crois bon juge en cette matière.

Il était d'usage, dans ces temps où la tranquillité publique n'était pas bien assurée, que quelque fidèle serviteur passât la nuit sous la tente de chaque grand baron, afin que, s'il survenait quelque danger, il ne se trouvât pas sans appui et sans protection. Guarine tira donc son épée, et s'étendit par terre sans la quitter, de manière qu'à la moindre alarme il pût se lever les armes à la main. Ses grands yeux noirs, combattant entre le sommeil, et le désir d'entendre le ménestrel, étaient fixés sur Vidal, qui, à la clarté qui partait d'une lampe d'argent, les voyait briller comme ceux d'un dragon ou d'un basilic.

Après avoir tiré des cordes de sa rote quelques sons de prélude, le ménestrel pria de nouveau le connétable de lui indiquer le sujet qu'il désirait qu'il chantât.

— La foi d'une femme, dit Hugues de Lacy en appuyant la tête sur son oreiller.

Après un court prélude, le ménestrel obéit, et chanta à peu près ce qui suit :

> Écrivez sur la poussière,
> Sur un lumineux rayon,
> Sur les eaux de la rivière,
> Sur l'aile du tourbillon:

Ce qu'y trace votre adresse
Disparaît en un instant ;
Mais la foi d'une maîtresse
Ne dure, hélas! pas autant.

La toile qu'Arachné file
A moins de fragilité ;
Son cœur, en détours fertile,
N'offre que duplicité.
Je démontre à ma maîtresse
Qu'elle m'a manqué de foi ;
J'obtiens nouvelle promesse :
Je suis trompé si j'y croi.

— Comment, sire drôle, s'écria le connétable en se soulevant sur le coude, quel est l'ivrogne de poète qui t'a appris cette sotte diatribe ?

— C'est une de mes vieilles amies, qui porte des guenilles, qui a l'humeur un peu quinteuse, et dont le nom est Expérience. Je prie Dieu que ni vous, milord, ni aucun autre homme de bien, n'en receviez jamais les leçons.

— Fort bien, fort bien ; je vois que tu es un de ces beaux diseurs qui ont des prétentions à l'esprit, parce qu'ils savent plaisanter de choses que des hommes plus sages croient dignes de tout leur respect ; l'honneur des hommes et la foi des femmes. Toi, qui te dis un ménestrel, ne sais-tu donc aucune ballade en l'honneur de la fidélité du beau sexe ?

— Pardonnez-moi, noble seigneur, j'en ai su un grand nombre ; mais j'ai cessé de les chanter lorsque j'ai renoncé à la partie bouffonne de la gaie science. Cependant, s'il plaît à Votre Seigneurie d'en entendre une, je m'en rappelle une sur ce sujet.

De Lacy lui fit signe de commencer, et se recoucha

comme pour dormir. Vidal alors commença une ballade presque interminable sur les aventures nombreuses de ce modèle des amantes, la belle Yseult, et sur la foi constante et l'affection inébranlable dont, au milieu des difficultés et des dangers de toute espèce, elle donna tant de preuves au brave sir Tristrem, son amant, aux dépens de son mari moins favorisé, le malencontreux Marc, roi de Cornouailles, dont, comme tout l'univers le sait, sir Tristrem était le neveu (1).

Ce n'était point ce lai qu'aurait choisi De Lacy pour célébrer l'amour et la fidélité; mais un sentiment qui tenait de la honte l'empêcha d'interrompre le ménestrel, peut-être parce qu'il ne voulait ni céder aux sensations désagréables que ses chants excitaient en lui, ni même se les avouer à lui-même. Quoi qu'il en soit, il ne tarda pas à s'endormir, ou du moins à feindre de sommeiller; et le chanteur, après avoir continué quelque temps sa musique monotone, commença aussi à éprouver l'influence du sommeil. Sa voix et les sons qu'il tirait des cordes de sa rote s'affaiblissaient, s'interrompaient, semblaient sortir de sa poitrine et naître péniblement sous ses doigts. Enfin sa bouche et sa harpe devinrent muettes; sa tête se pencha sur sa poitrine, et il s'endormit un bras pendant à son côté, et l'autre appuyé sur son instrument. Son sommeil ne fut pourtant pas très-long, et lorsqu'il s'éveilla, tandis qu'il portait les yeux autour de lui pour reconnaître, à la clarté de la lampe, tout ce qui se trouvait dans le pavillon, il sentit une main pesante lui tomber sur

---

(1) Voyez le poëme de sir Tristrem, analysé et terminé par sir Walter Scott. — Éd.

l'épaule, comme pour attirer son attention, et en même temps la voix du vigilant Philippe Guarine lui dit à l'oreille :

— Tes fonctions sont terminées pour cette nuit ; retourne sous ta tente, et ne fais pas de bruit.

Le ménestrel s'enveloppa dans son manteau, et se retira sans répliquer, quoique peut-être avec quelque ressentiment de se voir congédier avec si peu de cérémonie.

CHAPITRE XXI.

La reine Mab (1) vous a rendu visite. »
SHAKSPEARE. *Roméo et Juliette.*

Le dernier sujet dont notre esprit s'est occupé dans la soirée se représente assez ordinairement à nos pensées pendant notre sommeil. L'imagination, que les

---

(1) La reine des fées, Titania, femme d'Oberon.

Cette épigraphe est extraite du portrait qu'en trace Mercutio dans son langage plein d'esprit et de *concetti*. La citation est si populaire en Angleterre, que chaque lecteur peut l'achever de mémoire. Nous croyons devoir reproduire ici quelques traits de ce tableau bizarre :

« La reine Mab, c'est la fée sage-femme, petite et légère comme l'agathe placée au doigt d'un alderman, traînée par un attelage de minces atomes. Les rayons de ses roues sont faits de longues pattes de faucheux ; l'impériale de sa voiture, d'ailes de sauterelles ; ses

sens ne peuvent plus guider, se plaît à ourdir un tissu fantastique d'une foule d'idées qui se présentent au hasard. Il n'est donc pas très-étonnant que le connétable De Lacy, pendant son sommeil, ait eu des visions confuses et indistinctes qui semblaient l'identifier avec le malheureux Marc de Cornouailles, et qu'après un repos troublé par des rêves si désagréables, il se soit levé le front plus soucieux que lorsqu'il s'était couché la veille. Il gardait le silence, et semblait plongé dans ses réflexions, tandis que son écuyer l'aidait à se lever, avec le respect qu'on ne rend aujourd'hui qu'aux têtes couronnées.

— Guarine, dit-il enfin, connaissez-vous le brave Flamand qu'on dit s'être si bien comporté au siège de Garde-Douloureuse, un homme de grande taille et robuste ?

— Certainement, milord, répondit Guarine ; je connais Wilkin Flammock ; je l'ai encore vu hier.

— Oui-dà ! s'écria le connétable ; et où l'avez-vous vu ? Ici ? dans cette ville de Glocester ?

— Oui, milord. Il y est venu en partie pour son commerce, et peut-être aussi pour voir sa fille Rose, qui est à la suite de la jeune lady Eveline.

— C'est un brave soldat, n'est-il pas vrai ?

---

harnais de fine toile d'araignée et des rayons humides d'un clair de lune ; le manche de son fouet est un os de grillon ; la mèche, une pellicule ; son postillon est un petit moucheron gris ; son char, une coquille de noisette, travaillée par l'écureuil ou le ver, menuisiers et carossiers des fées. C'est dans cet équipage qu'elle galope chaque nuit à travers le cerveau des amans, et ils rêvent d'amour, etc. »

ROMÉO ET JULIETTE, acte I, scène V.

ÉD.

— Comme la plupart des gens de son espèce; un rempart dans un château, un fétu de paille en rase campagne.

— Et fidèle, n'est-ce pas?

— Fidèle comme tous les Flamands, quand ils sont bien payés pour l'être, répondit Guarine un peu surpris de l'intérêt extraordinaire que son maître paraissait prendre à un homme qu'il regardait comme d'un ordre tout-à-fait inférieur.

Le connétable lui fit encore quelques autres questions, et lui ordonna de lui amener le Flamand sur-le-champ.

Le prochain départ du connétable De Lacy exigeait qu'il prît à la hâte divers arrangemens pendant cette matinée; et, tandis qu'il s'en occupait et qu'il donnait audience à quelques officiers de ses troupes, on vit paraître à l'entrée du pavillon le grand et gros Wilkin Flammock, en pourpoint de drap blanc, et ayant seulement un couteau de chasse suspendu à sa ceinture.

— Voici quelqu'un à qui il faut que je parle en particulier, dit le connétable; retirez-vous, messieurs, mais ne vous éloignez pas.

Les officiers sortirent de la tente, et le connétable resta seul avec le Flamand.

— Vous vous nommez Wilkin Flammock? lui dit-il; c'est vous qui avez si bravement défendu contre les Gallois le château de Garde-Douloureuse?

— J'ai fait de mon mieux, milord, répondit Wilkin, comme j'y étais obligé par mon marché; et j'espère faire toujours honneur de même à tous mes engagemens.

— Il me semble qu'avec des membres si vigoureux et un esprit, à ce que j'entends dire, si intrépide, vous pourriez aspirer à quelque chose de plus relevé que le commerce dont vous vous occupez.

— Personne n'est fâché de trouver à améliorer sa condition, milord; cependant je suis bien loin de me plaindre de la mienne, et je consentirais volontiers qu'elle ne devînt jamais meilleure, si l'on pouvait m'assurer qu'elle ne sera jamais pire.

— Mais j'ai dessein de faire pour vous, Flammock, beaucoup plus que votre modestie ne se l'imagine. Je veux vous donner une grande preuve de confiance.

— S'il s'agit de quelques balles de draps, milord, vous ne trouverez personne qui puisse mieux y répondre.

— Fi donc! vous portez vos idées trop bas. Que pensez-vous d'être armé chevalier, comme votre valeur le mérite, et d'être nommé châtelain du château de Garde-Douloureuse.

— A moi les honneurs de la chevalerie! Milord, je vous prie de m'excuser; ils m'iraient à peu près comme une couronne d'or à un pourceau. Quant à défendre, soit un château, soit une chaumière, je me flatte que je suis en état de m'en acquitter aussi bien qu'un autre.

— Mais il faut que tu sois élevé à un rang plus haut que le tien, dit le connétable en jetant les yeux sur le costume peu militaire du Flamand; ta condition actuelle ne conviendrait pas au protecteur et au gardien d'une jeune dame de noble sang et de haut rang.

— Moi, gardien d'une jeune dame de noble sang et de haut rang! s'écria Flammock en ouvrant de grands yeux.

— Toi-même, dit le connétable. Lady Eveline a dessein de fixer sa résidence au château de Garde-Douloureuse. J'ai jeté les yeux sur ceux à qui je pourrais confier la garde de sa personne et celle de la forteresse. Si je choisissais quelque chevalier de renom, comme il s'en trouve plusieurs dans ma maison, il voudrait s'illustrer par quelque incursion contre les Gallois, et s'engagerait dans des entreprises hasardeuses, qui rendraient précaire la sûreté du château, ou il s'absenterait pour faire quelque prouesse chevaleresque, comme pour aller à des tournois, pour faire des parties de chasse ; ou peut-être célébrerait-il de pareilles fêtes sous les murs mêmes du château et dans les cours ; ce qui donnerait une apparence de désordre et de dissolution à un séjour de paix et de noble réserve, tel que doit être la demeure de lady Eveline dans sa situation. Je puis me fier à toi, je sais que tu combattras bien, s'il en est besoin, mais que tu ne provoqueras pas le danger par amour pour le danger ; ta naissance, tes habitudes, te porteront à éviter ces divertissemens joyeux qui ont des attraits pour tant d'autres, mais qui ne peuvent que te déplaire ; tu gouverneras le château d'une manière régulière. J'aurai soin, de mon côté, que la charge te soit honorable ; et comme Rose, sa favorite, est ta fille, lady Eveline te verra peut-être châtelain du château avec plus de plaisir qu'un chevalier de son rang. Enfin, pour te parler un langage que ta nation comprend aisément, Flamand, la récompense que tu recevras, après t'être régulièrement acquitté de ce devoir important, surpassera toutes tes espérances.

Flammock avait écouté la première partie de ce discours avec une expression de surprise qui se changea peu à peu en un air de profonde réflexion et de méditation inquiète. Il resta quelques instans les yeux fixés sur la terre, après qu'Hugues de Lacy eut cessé de parler; et, les levant enfin tout'à coup sur lui, il lui dit:

— Il est inutile de prendre des détours avec vous, milord : un pareil projet ne peut être sérieux. Mais s'il l'était, il ne peut s'accomplir.

— Comment! Pourquoi? demanda le connétable avec un ton de surprise et de mécontentement.

— Un autre pourrait s'empresser d'accepter vos offres, milord, et laisser au hasard le soin de vous payer de ce que vous feriez pour lui. Mais je trafique loyalement, et je ne veux pas recevoir de paiement pour des services que je ne puis rendre.

— Mais je te demande encore une fois, s'écria De Lacy, pourquoi tu ne peux pas, ou plutôt pourquoi tu ne veux pas te charger de ce que je te propose? Si je suis disposé à te donner une pareille marque de confiance, il me semble qu'il est de ton devoir d'y répondre.

— Sans contredit, milord; mais je crois que le noble lord De Lacy peut savoir, et que le sage lord De Lacy doit prévoir qu'un fabricant de draps flamand n'est pas un gardien convenable pour la fiancée d'un haut baron. Supposez-la renfermée dans ce château isolé sous cette protection respectable; croyez-vous qu'elle y sera long-temps solitaire dans ce pays d'amour et d'aventures? Des troupeaux de ménestrels viendront chanter des ballades sous nos fenêtres; nous entendrons assez de harpes pour que le son en renverse nos murailles, comme les clercs disent que cela est arrivé à celles de Jéricho. Nous aurons autour de nous autant de chevaliers errans qu'en ont jamais eu Arthur et Charlemagne. Merci de moi! il faudrait moins qu'une belle, jeune et noble recluse, claquemurée comme ils le diront, dans une tour, sous la garde d'un vieux marchand de draps flamand, pour nous mettre à dos la moitié des chevaliers d'Angleterre, qui viendraient rompre des lances, prononcer des vœux, porter les couleurs de leur dame, et faire je ne sais quelles autres folies. Croyez-vous que de pareils galans, dans les veines desquels le sang coule comme du vif-argent, se soucieraient beaucoup d'un vieux Flamand qui leur dirait : — Allez-vous-en ?

— Tire les verroux, lève le pont-levis, baisse la herse, dit le connétable avec un sourire forcé.

— Et croyez-vous qu'ils s'inquiéteraient de pareils obstacles, milord ? c'est la quintessence des aventures qu'ils cherchent. Le chevalier du Cygne passerait le fossé à la nage ; celui de l'Aigle prendrait son vol au-dessus des murailles, et celui du Tonnerre enfoncerait les portes.

— Fais jouer les arbalètes et les mangonneaux, reprit le baron.

— Et faites-vous assiéger en forme, répliqua Flammock, comme le château de Tintadgel sur la vieille tapisserie ; le tout pour l'amour d'une damoiselle. Et que dirons-nous de toutes ces belles dames qui vont chercher les aventures de château en château, de tournoi en tournoi, le sein découvert, des plumes sur la tête, un poignard au côté, une javeline en main, vaines comme des geais, bavardes comme des pies, et de temps en temps roucoulant comme des tourterelles ? Comment m'y prendrai-je pour les exclure de la société de lady Eveline ?

— Je te l'ai déjà dit, répondit le connétable avec le

même ton de gaieté forcée ; en tenant les portes bien fermées : de bonnes barres de bois feront ton affaire.

— Fort bien ! mais si le vieux Flamand dit : Fermez, et que la jeune dame normande dise : Ouvrez ! à qui pensez-vous qu'on obéira de préférence ? En un mot, milord, quant à garder une femme, quelle qu'elle soit, je m'en lave les mains. Je ne me chargerais pas de garder la chaste Susanne, quand elle serait dans un château enchanté dont nul être vivant ne pourrait approcher.

— Tu tiens le langage et tu nourris les pensées d'un débauché vulgaire qui ne croit pas à la constance des femmes, parce qu'il n'a jamais connu que les misérables créatures de ce sexe. Tu devrais pourtant penser tout différemment, puisque, ayant une fille vertueuse, comme je le sais.....

— Et dont la mère ne l'était pas moins, milord, s'écria Wilkin en interrompant le connétable avec plus d'émotion qu'il n'avait coutume d'en montrer. Mais la loi m'armait d'autorité pour guider et gouverner ma femme, et elle s'unit à la nature pour me donner le même pouvoir sur ma fille. Je puis répondre de ceux à qui j'ai droit de commander. Mais faire respecter une autorité qui n'est que déléguée, c'est une autre question. Croyez-moi, milord, ajouta l'honnête Flamand, voyant que son discours faisait quelque impression sur le connétable, restez chez vous ; que l'avis d'un ignorant fasse une fois changer de dessein à un homme instruit qui, permettez-moi de vous le dire, a pris une résolution sans consulter la prudence. Restez sur vos terres, gouvernez vos vassaux, protégez vous-même votre fiancée. Vous seul avez le droit de réclamer d'elle amour et obéissance; et, sans prétendre deviner ce qu'elle pourra faire si elle est séparée de vous, je suis sûr que, sous vos yeux, elle remplira tous les devoirs d'une épouse tendre et fidèle.

— Et le saint sépulcre? dit Hugues de Lacy en soupirant; car il reconnaissait la sagesse de cet avis, quoique les circonstances l'empêchassent de le suivre.

— Que ceux qui ont perdu le saint sépulcre tâchent de le reprendre, milord, répondit Wilkin. Au surplus, si ces Latins et ces Grecs, comme ils se nomment, ne valent pas mieux que je l'ai entendu dire, il n'importe guère que ce soit eux ou les païens qui possèdent le pays qui a coûté à l'Europe tant de sang et d'argent.

— Sur ma foi! dit le connétable, il y a du bon sens dans ce que tu dis; mais je t'avertis de ne pas le répéter, car on te prendrait pour un hérétique ou pour un Juif. Quant à moi, j'ai fait un vœu, j'ai donné ma parole, et il ne m'est plus possible de jeter les yeux en arrière; il ne me reste donc qu'à voir à qui je pourrais confier ce soin important, puisque votre prudence vous défend de vous en charger, et, je l'avoue, non sans quelque apparence de raison.

— Il n'y a personne que vous puissiez plus naturellement et plus honorablement choisir pour une fonction qui exige tant de confiance qu'un proche parent qui mérite la vôtre; et cependant j'aimerais mieux que vous n'eussiez à l'accorder à personne.

— Si par un proche parent vous entendez Randal de Lacy, je n'hésite pas à vous dire que je le regarde comme totalement indigne de ma confiance.

— Ce n'est pas de lui que je veux vous parler, milord; c'est d'un autre qui vous tient de plus près par le sang, et qui, si je ne me trompe fort, a aussi une plus grande part dans votre affection ; j'avais présent à l'esprit votre neveu Damien de Lacy.

Le connétable tressaillit comme si une guêpe l'avait piqué ; mais il se remit sur-le-champ, et dit avec un sang-froid forcé :

— Damien devait aller en Palestine à ma place ; il paraît que c'est moi maintenant qui dois y aller à la sienne, car, depuis cette dernière maladie, les médecins ont tout-à-fait changé d'avis ; ils prétendent que la chaleur du climat lui serait à présent aussi dangereuse qu'ils l'avaient auparavant jugée salutaire. Mais nos savans docteurs, comme nos savans prêtres, doivent toujours avoir raison, quelque changement qui survienne dans leur opinion, et nous autres pauvres laïques nous ne pouvons qu'avoir tort ; il est vrai que je puis compter sur Damien avec toute confiance ; mais il est jeune, Flammock, bien jeune, et à cet égard il ressemble un peu trop à celle qui serait confiée à ses soins.

— En ce cas, milord, je vous le répète, restez chez vous, et soyez vous-même le protecteur de celle qui vous est naturellement si chère.

— Je vous dis encore une fois que cela m'est impossible : j'ai fait une démarche que je regardais comme un grand devoir ; peut-être est-ce une grande erreur, mais elle est irrévocable.

— Eh bien donc ! fiez-vous à votre neveu, milord ; il est honnête et fidèle, et il vaut mieux se fier à un jeune lion qu'à un vieux loup : il peut commettre des erreurs, mais il ne fera jamais le mal avec préméditation.

— Tu as raison, Flammock ; et je devrais peut-être regretter de n'avoir pas plus tôt pris tes conseils, quelque peu fardés qu'ils soient. Mais que ce qui vient de se passer entre nous reste secret ; et songe à quelque chose qui puisse t'être plus avantageux qu'une conversation sur mes affaires.

— C'est un compte qui sera facile à régler, milord, car je ne suis venu ici que pour solliciter la protection de Votre Seigneurie, afin d'obtenir une extension aux privilèges de l'établissement que nous autres Flamands nous avons formé sur les frontières.

— Tu obtiendras toutes tes demandes, si elles ne sont pas exorbitantes, répondit le connétable.

L'honnête Flamand, parmi les bonnes qualités duquel une délicatesse scrupuleuse n'occupait pas le premier rang, se hâta de lui exposer dans le plus grand détail quel était l'objet de sa requête. Il y avait long-temps qu'il en avait inutilement formé la demande, et cette entrevue fut le moyen d'en assurer le succès.

Le connétable, ne voulant pas tarder à exécuter la résolution qu'il venait de prendre, se rendit sur-le-champ chez son neveu, qui apprit, à son grand étonnement, que sa destination était changée. Son oncle allégua son départ précipité, la maladie de Damien, et la nécessité d'assurer une protection à lady Eveline, comme les raisons qui le déterminaient à le laisser en Angleterre pour le représenter pendant son absence, veiller aux droits et aux intérêts de la maison de De Lacy, et surtout protéger la jeune et belle fiancée que son oncle était en quelque sorte forcé d'abandonner pendant plusieurs années.

Damien était encore au lit quand le connétable lui fit part du changement survenu dans ses projets. Peut-être n'en fut-il pas fâché, car dans cette position il pouvait plus facilement dérober aux yeux de son oncle l'émotion qu'il ne pouvait s'empêcher d'éprouver. Cependant le connétable, avec l'empressement d'un homme qui désire terminer à la hâte tout ce qu'il a à dire sur un sujet désagréable, lui fit un court détail de tous les arrangemens qu'il allait prendre pour que son neveu pût s'acquitter convenablement des fonctions importantes qui allaient lui être confiées.

Damien l'écouta comme une voix qu'il aurait entendue dans un rêve, et qu'il n'avait pas la faculté d'interrompre, quoique quelque chose lui dit intérieurement que la prudence et l'intégrité auraient exigé qu'il fit quelques remontrances à son oncle sur le changement de ses dispositions. Il essaya pourtant de prononcer quelques mots quand le connétable eut enfin cessé de parler; mais c'était avec un accent trop faible pour pouvoir ébranler une détermination aussi ferme qu'elle était soudaine dans un homme qui n'était pas habitué à parler avant d'avoir bien pris sa résolution, ni à en changer quand il l'avait une fois prise.

D'ailleurs Damien fit ses objections, si l'on peut leur donner ce nom, en termes trop contradictoires pour qu'ils fussent bien intelligibles. Tantôt il exprimait ses regrets d'être privé des lauriers qu'il avait espéré cueillir en Palestine, et suppliait son oncle de ne rien changer à ses premiers plans, et de lui permettre d'y suivre sa bannière : tantôt il déclarait avec chaleur qu'il était prêt à verser jusqu'à la dernière goutte de son sang pour la sûreté de lady Eveline. Quelque opposés que fussent ces sentimens, le connétable n'y vit rien qui dût le surprendre. Il lui semblait fort juste qu'un jeune chevalier brûlât du désir d'acquérir de la gloire, et non moins naturel qu'il fût disposé à se charger d'une fonction aussi honorable et aussi importante que celle qu'il se proposait de lui confier. Aussi ne répondit-il qu'en souriant aux objections sans suite de Damien, et, lui ayant réitéré ses dernières intentions, il le laissa maître de réfléchir à loisir sur son changement de destination, et se rendit de nouveau à l'abbaye des Bénédictines pour faire part à l'abbesse et à sa fiancée des mesures qu'il venait de prendre.

Le mécontentement de l'abbesse ne diminua nullement quand elle apprit cette nouvelle, et elle affecta même d'y prendre fort peu d'intérêt. Elle répéta que les devoirs religieux qu'elle avait à remplir, et le peu de connaissance qu'elle avait des affaires mondaines, devaient la faire excuser si par hasard elle se méprenait sur les usages du monde; mais elle avait toujours compris, ajouta-t-elle, que c'était ordinairement des hommes d'un âge mûr qu'on chargeait de protéger les jeunes et belles personnes de son sexe.

— C'est votre refus qui en est cause, madame, répondit Hugues de Lacy; c'est vous qui ne m'avez pas laissé d'autre choix que celui que j'ai fait. Puisque la plus proche parente de lady Eveline lui refuse un asile à cause des droits qn'elle a bien voulu me donner sur elle, et dont je me tiens honoré, j'aurais à me reprocher plus que de l'ingratitude si je ne lui assurais la protection de mon plus prochain héritier. Damien est jeune, j'en conviens; mais il est plein d'honneur et de franchise, et je n'aurais pu mieux choisir parmi toute la chevalerie d'Angleterre.

Eveline fut surprise et même consternée du parti qu'avait pris le connétable, et qu'il venait d'annoncer si subitement; mais peut-être fut-il heureux que l'observation de l'abbesse obligeât le seigneur de Lacy à lui répondre, car ce fut probablement ce qui l'empêcha de remarquer que ses joues changèrent rapidement de couleur plusieurs fois.

Rose, qui n'avait pas été exclue de cette conférence, s'approcha de sa jeune maîtresse, et, en feignant d'arranger son voile, elle lui donna le temps de calmer son agitation, et l'encouragea à faire un effort sur elle-même, en lui pressant la main secrètement. L'effort ne fut pas long; Eveline fit une réponse courte et décisive, avec une fermeté qui montrait que l'embarras qu'elle avait éprouvé était dissipé, ou qu'elle s'en était rendue maîtresse.

En cas de danger, dit Eveline, elle ne manquerait pas d'inviter Damien de Lacy à venir à son aide, comme il l'avait déjà fait; mais elle n'en prévoyait aucun, quant à présent, dans son château-fort de Garde-Douloureuse, où elle avait dessein de demeurer, entourée seulement de ses propres vassaux. Elle se proposait, attendu sa situation, d'y vivre dans une réclusion très-rigoureuse, et elle espérait que le jeune et noble chevalier qui devait lui servir de protecteur respecterait lui-même sa retraite, à moins que l'appréhension de quelque péril ne rendit sa présence indispensable.

L'abbesse approuva, quoique toujours avec froideur, une résolution qui s'accordait avec ses idées sur le décorum, et l'on fit à la hâte les préparatifs nécessaires pour le retour d'Eveline au château de son père. Avant de quitter le couvent, elle eut deux entrevues qui lui furent pénibles. La première fut quand le connétable lui présenta son neveu, comme le délégué à qui il confiait pendant son absence le soin de ses affaires et de ses intérêts, et la protection de tout ce qu'il avait de plus précieux.

Eveline osa à peine jeter un regard sur Damien ; mais ce regard suffit pour lui faire voir le ravage que la maladie et le chagrin avaient fait sur les traits et sur tout l'extérieur du jeune chevalier. Elle reçut son salut d'un air aussi embarrassé qu'il le lui adressa ; et lorsqu'il lui fit en hésitant ses offres de service, elle lui répondit qu'elle espérait n'avoir d'autre obligation envers lui que celle de sa bonne volonté pendant l'absence de son oncle.

Ses adieux au connétable furent la seconde épreuve qu'elle eut à subir. Ce ne fut pas sans peine qu'elle maîtrisa son émotion au point de conserver son air calme et modeste, et que De Lacy maintint son extérieur grave et tranquille. La voix pensa pourtant manquer au connétable quand il lui dit qu'il serait injuste qu'elle se trouvât toujours liée par l'engagement qu'elle avait eu la condescendance de contracter. Trois ans devaient être le terme de son absence, l'archevêque Baudouin ayant bien voulu la réduire à ce temps ; trois ans seraient aussi le terme de cet engagement. — Si je n'ai pas reparu quand ils seront écoulés, ajouta-t-il, lady Eveline devra en conclure que De Lacy est dans le tombeau. Qu'elle prenne alors pour époux quelque homme plus heureux. Elle peut en trouver qui soient plus dignes d'elle ; mais elle n'en trouvera jamais qui aient pour elle plus de tendresse et de reconnaissance.

Ce fut ainsi qu'ils se séparèrent ; et le connétable, s'étant embarqué presque aussitôt, suivit les côtes de la Flandre, où il se proposait de joindre ses forces à celles du comte de ce pays riche et belliqueux, qui avait pris la croix tout récemment, pour se rendre ensuite à la Terre-Sainte par la route qui serait jugée la plus convenable. L'étendard portant les armes des De Lacy, arboré sur la proue du vaisseau, flottait au gré d'un vent favorable, et semblait indiquer le point de l'horizon où son renom devait s'accroître; grace à la renommée du chef et à la bravoure des soldats qui l'accompagnaient, jamais on n'avait vu partir d'Europe, si on considère leur nombre, une troupe de guerriers plus propres à faire retomber sur les Sarrasins les maux que souffraient les Latins en Palestine.

Cependant Eveline, après avoir reçu les froids adieux de l'abbesse, dont la dignité offensée ne lui avait pas encore pardonné le peu d'égard qu'elle avait eu pour son opinion, se remit en chemin pour le château de son père, où sa maison devait être organisée d'après un plan tracé par le connétable, et qu'elle avait approuvé.

A chaque halte, elle trouvait qu'on avait fait pour sa réception les mêmes préparatifs que lors de son voyage à Glocester, et, de même qu'alors, celui qui prenait tous ces soins restait invisible, quoiqu'elle pût aisément le deviner. Il semblait pourtant que ces apprêts avaient, jusqu'à un certain point, changé de caractère. Elle trouvait partout l'utile et l'agréable, on veillait avec le plus grand soin à la sûreté de la route; mais elle ne remarquait plus ce goût délicat et cette tendre galanterie qui laissaient apercevoir les soins qu'on voulait avoir pour une femme noble, jeune et jolie. On ne choisissait plus pour le repas du matin la fontaine la plus pure, l'endroit le mieux ombragé; c'était dans une petite abbaye, ou dans la maison de quelque franklin qu'elle recevait l'hospitalité. Tout semblait ordonné avec la plus stricte attention à ce qui était dû à son rang et au décorum. On aurait dit que c'était une religieuse d'un ordre austère, et non une jeune fille de haut rang et d'une grande fortune, qui traversait le pays. Eveline, quoique charmée de cette délicatesse respectueuse, ne pouvait s'empêcher de songer quelquefois qu'on aurait pu se dispenser de lui rappeler si souvent, d'une manière indirecte, qu'elle se trouvait sans protection et dans une situation toute particulière.

Elle trouvait également étrange que Damien, aux soins duquel elle avait été solennellement confiée, ne lui présentât pas ses respects une seule fois sur la route. Une voix secrète lui disait tout bas que des relations fréquentes et intimes pourraient être inconvenantes, même dangereuses; mais, certes, il était du devoir d'un chevalier chargé d'escorter une dame d'avoir avec elle, quelques entrevues personnelles, ne fût-ce que pour lui demander si elle était contente de l'accueil qu'elle recevait dans les endroits où elle s'arrêtait, et si elle n'avait pas quelque désir particulier qu'il fût possible de satisfaire. Cependant toutes les communications qui avaient lieu entre eux se faisaient par l'entremise d'Amelot, jeune page de Damien de Lacy, qui venait chaque soir et chaque matin prendre les ordres d'Eveline, et lui demander quelle heure lui convenait pour le départ et les haltes.

Ces formalités rendaient presque insupportable la solitude du retour d'Eveline, et, si elle n'avait eu Rose pour compagne, elle aurait trouvé cet état de contrainte excessivement pénible. Elle se hasarda même à lui faire quelques remarques sur la singularité de la conduite du jeune De Lacy, qui, malgré les droits que lui donnaient les fonctions qu'il remplissait près d'elle, semblait craindre de l'approcher, comme il aurait craint de s'approcher d'un basilic.

Rose laissa passer la première observation de cette nature sans avoir l'air de l'entendre; mais quand sa maîtresse lui en fit une seconde sur le même sujet, elle lui répondit avec la franchise et la liberté qui la caractérisaient, mais peut-être avec moins de prudence qu'elle n'en avait ordinairement :

— Damien de Lacy agit avec prudence, noble dame. Celui à qui la garde du trésor d'un roi est confiée ne doit pas se permettre d'y jeter les yeux trop souvent.

Eveline rougit, baissa le voile qu'elle avait sur la tête, et pendant toute le reste du voyage elle ne prononça plus le nom de Damien de Lacy.

Quand les vieux créneaux de Garde-Douloureuse se montrèrent à ses yeux, le soir du second jour, et qu'elle vit la bannière de son père flotter sur la plus haute tour du château, en honneur de son arrivée, le plaisir qu'elle éprouva ne fut pas sans mélange de peine; mais enfin elle regarda cette ancienne maison comme un lieu de refuge qui avait vu son enfance et sa première jeunesse, et où elle pourrait se livrer aux nouvelles pensées que les circonstances faisaient naître en elle.

Elle pressa le pas de son palefroi, pour arriver au château le plus tôt possible; fit à la hâte une inclination de tête aux visages bien connus qui l'entouraient de toutes parts, mais ne parla à personne, et, mettant pied à terre à la porte, elle entra dans le sanctuaire où était placée l'image miraculeuse. Là, se prosternant à genoux, elle implora le secours et la protection de la sainte Vierge pour la guider dans les circonstances embarrassantes où elle s'était mise elle-même en accomplissant le vœu que la terreur lui avait inspiré. Cette prière était fervente et sincère; elle partait d'un cœur vertueux, et nous aimons à croire qu'elle arriva au ciel, auquel elle était adressée.

CHAPITRE XXII.

« L'image de la Vierge a perdu son crédit ;
» Mais devant elle encor plus d'un genou fléchit.
» On peut leur pardonner, puisqu'ils trouvent en elle
» Un visible pouvoir, mystérieux modèle
» Et d'amour maternel et de virginité,
» Mélange de grandeur comme d'humilité. »

WORDSWORTH.

La maison de lady Eveline fut composée de manière à former un établissement convenable au rang qu'elle occupait alors et à celui qu'elle devait tenir un jour ; mais tout y annonçait un recueillement solennel, parfaitement d'accord avec le séjour qu'elle habitait et avec la retraite qu'exigeait sa situation nouvelle, puisqu'elle ne faisait plus partie de la classe des jeunes filles qui sont libres de tout engagement, et qu'elle n'appartenait pas encore à celle des femmes à qui le nom même d'épouse sert de protection. Les femmes qui étaient à sa suite, et que nos lecteurs connaissent déjà, étaient presque sa seule société. La garnison du château, indépendamment des domestiques, se composait de vétérans d'une fidélité éprouvée, qui avaient servi, soit Bérenger, soit De Lacy, dans plus d'une campagne sanglante, à qui tous les devoirs de la profession des armes étaient devenus aussi familiers et aussi naturels que le besoin de manger, de boire et de dormir, mais dont le courage, trempé par l'âge et l'expérience, ne paraissait pourtant pas devoir les entraîner dans des querelles inutiles et dans des entreprises hasardeuses. Ces guerriers montaient constamment la garde sur les murs du château avec une vigilance qui ne se relâchait jamais, sous le commandement de l'intendant, mais surveillé lui-même par le père Aldrovand, qui, tout en remplissant ses fonctions ecclésiastiques, n'était pas fâché de rappeler quelquefois son éducation militaire.

Tandis que cette garnison mettait à l'abri de toute tentative soudaine qu'auraient pu faire les Gallois pour surprendre le château, un corps considérable campé à quelques milles de Garde-Douloureuse était prêt à marcher, à la moindre alarme, pour défendre la forteresse contre des ennemis plus nombreux, qui, sans être effrayés par le sort de Gwenwyn, pourraient avoir la hardiesse de l'assiéger régulièrement. A ces troupes, qui, sous les yeux de Damien, étaient toujours prêtes à se mettre en mouvement, on pouvait ajouter, si le besoin l'exigeait, toute la force militaire des frontières, comprenant les corps nombreux de Flamands et d'autres étrangers à qui leurs établissemens avaient été accordés à titre de fiefs militaires.

Tandis que la forteresse était ainsi à l'abri de toute violence extérieure, la vie qu'on y menait était si uniforme et si monotone, que la jeunesse et la beauté auraient été excusables d'y désirer un peu de variété, même au risque de quelque danger. Les travaux de l'aiguille n'étaient quittés que pour une promenade, soit sur les murailles, où Eveline, donnant le bras à Rose, recevait le salut militaire de chaque sentinelle devant qui elle passait, soit dans la grande cour du château, où les domestiques, se découvrant devant elle, lui témoignaient le même respect que les soldats sur les remparts.

Si elle désirait étendre sa promenade hors du château, il ne suffisait pas que les portes s'ouvrissent et que les ponts se baissassent, il fallait qu'une escorte à pied ou à cheval, suivant les circonstances, se mît sous les armes, et l'accompagnât pour veiller à la sûreté de sa personne. On ne croyait pas qu'elle pût, sans cette suite militaire, aller en sûreté même jusqu'aux moulins à foulon, où l'honnête Wilkin Flammock, oubliant ses exploits belliqueux, s'occupait de sa profession ordinaire.

Mais quand lady Eveline voulait faire une promenade plus longue, ou chasser quelques heures avec ses faucons, sa sûreté n'était pas confiée à la faible escorte que pouvait fournir la garnison du château. Il fallait que Raoul fît connaître à Damien les intentions de sa maîtresse par un exprès qu'il lui envoyait la veille, afin qu'il eût le temps de reconnaître au point du jour, avec un corps de cavalerie légère, tous les environs du lieu où elle comptait prendre ce divertissement, et des sentinelles, placées dans tous les endroits qui pourraient être suspects, y restaient jusqu'à ce qu'elle fût rentrée au château. Elle essaya une ou deux fois de faire une excursion sans en avoir donné avis; mais Damien semblait connaître les projets d'Eveline dès qu'ils étaient formés, et elle n'était pas plus tôt sortie qu'on voyait des lanciers et des archers partir du camp, se répandre dans les vallées, gravir les montagnes, garder les défilés; et l'on distinguait ordinairement parmi eux le panache bien connu du jeune De Lacy.

La formalité de tous ces apprêts gênait Eveline; elle se livrait rarement à un plaisir qui causait tant de mouvement, et qui donnait une si grande occupation à tout le monde.

Quand elle avait passé la journée aussi bien qu'elle le pouvait, le père Aldrovand lui lisait dans quelque légende, ou dans les homélies de quelque saint, les passages qu'il jugeait convenir le mieux à sa petite congrégation. Quelquefois aussi il expliquait un chapitre des saintes Écritures; mais, en ce cas, l'attention du digne homme se dirigeait si étrangement vers la partie militaire des Juifs, qu'il ne quittait jamais les livres des Rois et les triomphes de Judas Machabée, quoique ses commentaires sur les triomphes des enfans d'Israël fussent plus amusans pour lui-même qu'instructifs pour les dames qui l'écoutaient.

Quelquefois, mais rarement, Rose obtenait la permission de faire entrer quelque ménestrel ambulant, qui, en chantant des ballades d'amour et de chevalerie, aidait à tromper le cours du temps. D'autres fois un pèlerin, de retour de contrées éloignées, payait l'hospitalité qu'il recevait au château de Garde-Douloureuse par le long récit des merveilles qu'il avait vues en d'autres pays; et il arrivait aussi que le crédit et l'influence de la femme de chambre y obtenaient l'admission d'un colporteur ou d'un marchand forain, qui, au risque de sa vie, cherchait à gagner quelque argent en portant de château en château, sur les frontières, des bijoux et de riches parures à l'usage des dames.

Les visites ordinaires des mendians, des jongleurs et de bouffons de profession, ne doivent pas s'oublier dans la liste des amusemens de Garde-Douloureuse; et, quoique sa nation le rendît suspect et le soumît à une surveillance exacte, le barde gallois lui-même, avec son énorme harpe garnie de cordes de crin, y était parfois admis pour varier l'uniformité d'une vie solitaire. Mais, à l'exception de semblables amusemens, et sauf aussi l'accomplissement régulier des devoirs religieux à la chapelle, il était impossible que la vie s'écoulât avec une monotonie plus ennuyeuse qu'au château de Garde-Douloureuse. Depuis la mort du brave chevalier auquel il avait appartenu, et auquel les fêtes et l'hospitalité semblaient aussi naturelles que les pensées d'honneur et les prouesses de chevalerie, on aurait pu dire que l'ombre des cloîtres avait enveloppé l'ancienne demeure de Raymond Bérenger, si la vue de tant de gardes armés de toutes pièces, qui se promenaient sur les murailles, ne lui eut plutôt donné l'air d'une prison d'état. Le caractère de celles qui y demeuraient prit peu à peu la teinte de leur habitation.

L'esprit d'Eveline éprouva surtout un accablement auquel elle était portée par la vivacité même de toutes ses impressions; et, à mesure que ses pensées devinrent plus graves, elle arriva à ce calme contemplatif qui s'unit si souvent à un caractère ardent et enthousiaste. Elle médita profondément sur les divers accidens de sa vie, et il n'est pas étonnant que ses réflexions se soient souvent reportées sur les deux époques où elle avait vu ou cru voir des apparitions surnaturelles. Ce fut alors qu'elle pensa souvent qu'il semblait qu'un bon et un mauvais génie se disputaient l'empire sur sa destinée.

La solitude favorise le sentiment de notre propre importance. C'est quand ils sont seuls, et quand ils n'ont de commerce qu'avec leurs propres pensées, que les fanatiques ont des visions, et que les soi-disant saints se perdent dans des extases imaginaires. L'influence de l'enthousiasme n'allait pas si loin chez Eveline; et cependant il lui semblait souvent, pendant la nuit, voir Notre-Dame de Garde-Douloureuse jeter sur elle un regard de pitié, de consolation et de protection. Quelquefois aussi elle croyait voir le spectre terrible du château saxon de Baldrigham lui montrant sa main ensanglantée, en témoignage de la cruauté dont sa vie avait été victime, et menaçant de sa vengeance la descendante de son assassin.

En s'éveillant après de pareils rêves, Eveline songeait qu'elle était le dernier rejeton de sa maison, d'une maison qui, depuis des siècles, était l'objet de la protection et des bontés de l'image miraculeuse de la Sainte Vierge, et celui de l'inimitié et de la vengeance de l'implacable Vanda. Il lui semblait qu'elle était elle-même un prix que la bonne sainte et l'esprit de ténèbres faisaient un dernier effort pour se disputer.

Nulle circonstance extérieure qui pût l'amuser ou l'intéresser ne venant interrompre ses méditations, la jeune châtelaine devint pensive, distraite, entièrement plongée dans des contemplations qui ne lui permettaient pas de faire attention à ce qui se passait autour d'elle, et elle se trouvait dans le monde de la réalité comme si elle eût encore été occupée d'un rêve. Lorsqu'elle pensait à l'engagement qu'elle avait contracté avec le connétable de Chester, c'était avec résignation, mais sans aucun désir d'être appelée à le remplir, presque sans s'attendre à y être obligée. Elle avait accompli son vœu en acceptant la foi de son libérateur en échange de la sienne; et, quoiqu'elle fût disposée à serrer complètement le nœud qu'elle avait commencé à former, quoiqu'elle osât à peine s'avouer à elle-même qu'elle ne pensait qu'avec répugnance à cette obligation, il est certain qu'elle entretenait secrètement à son insu l'espoir que Notre-Dame de Garde-Douloureuse ne serait pas une créancière impitoyable, et que, satisfaite de la bonne volonté qu'elle avait montrée à s'acquitter de son vœu, elle n'exigerait pas à la rigueur tout ce qui lui était dû. C'eût été le comble de l'ingratitude que de souhaiter que son vaillant libérateur, pour qui elle avait tant de raisons d'adresser ses prières au ciel, éprouvât quelqu'une de ces chances fatales qui, dans la Terre-Sainte, changeaient si souvent les lauriers en cyprès; mais, pendant une si longue absence, il pouvait survenir bien des incidens qui lui inspireraient des projets différens de ceux qu'il formait en quittant sa patrie.

Un ménestrel, qui était venu à Garde-Douloureuse, avait chanté, pour amuser lady Eveline et les femmes qui étaient à son service, le lai si connu du comte de Gleichen, qui, déjà marié dans son pays, avait reçu dans l'Orient tant de services d'une princesse sarrasine, grace à laquelle il avait recouvré sa liberté, qu'il l'avait aussi épousée. Le pape et son conclave avaient cru devoir approuver ce double mariage dans un cas si extraordinaire; et le bon comte de Gleichen partagea son lit nuptial avec deux femmes du même rang, comme il repose avec elles aujourd'hui sous le même monument.

On fit dans le château plus d'un commentaire sur cette histoire, et tous les avis ne s'accordèrent pas. Le père Aldrovand la regardait comme fabuleuse, et disait que c'était une indigne calomnie contre le chef de l'Église, qui n'aurait jamais sanctionné une telle irrégularité. La vieille Margery, avec le cœur tendre d'une ancienne nourrice, versa des larmes arrachées par la compassion pendant la plus grande partie du lai, et ne se consola qu'en voyant par quel heureux dénouement se terminait cette complication de détresses. Dame Gillian déclara que cette histoire répugnait à la raison, et que, puisqu'une femme ne pouvait avoir qu'un mari, il ne devait, dans aucune circonstance, être permis à un homme d'avoir deux femmes. Raoul, son mari, en jetant sur elle un regard plein d'aigreur, dit qu'il avait pitié de l'idiotisme déplorable d'un homme qui pouvait se prévaloir d'un tel privilège.

— Paix! s'écria lady Eveline, taisez-vous tous! Et

vous, ma chère Rose, dites-moi ce que vous pensez de ce comte de Gleichen et de ses deux femmes.

Rose répondit en rougissant qu'elle n'était guère accoutumée à réfléchir sur de pareilles matières, mais qu'il lui semblait que la femme qui pouvait se contenter de la moitié du cœur de son mari n'avait jamais mérité de posséder la moindre partie de son affection.

—Vous avez raison en partie, Rose, répliqua Eveline, et je pense que la dame européenne, quand elle se vit éclipsée par la jeune et belle princesse étrangère, aurait mieux consulté sa dignité en lui cédant la place, et en ne donnant au saint-père d'autre embarras que celui d'annuler son mariage, comme cela a eu lieu dans des circonstances moins extraordinaires.

Elle parla ainsi avec un air d'indifférence et même de gaieté qui prouva à sa fidèle suivante qu'elle n'aurait pas besoin de faire de grands efforts pour se résoudre elle-même à un semblable sacrifice, et qui servit à indiquer assez clairement quels étaient ses sentimens pour le connétable. Mais un autre que le connétable était fréquemment le but de ses pensées, plus souvent même que la prudence ne semblait le permettre.

Le souvenir de Damien de Lacy ne s'était jamais effacé de l'esprit d'Eveline. Il y était encore rappelé par son nom, qu'elle entendait prononcer à chaque instant, et par la connaissance qu'elle avait qu'il était constamment dans le voisinage, uniquement occupé d'elle, de ses intérêts, de sa sûreté. Et cependant, bien loin de lui rendre personnellement des devoirs assidus, il n'avait même jamais essayé d'avoir une communication directe avec elle pour la consulter sur ce qu'elle pouvait désirer, ni même sur les objets les plus intéressans.

Les messages que le père Aldrovand ou Rose transmettaient au jeune Amelot, page de Damien, en donnant à leurs relations un air de cérémonial qu'Eveline jugeait inutile et même déplacé, servaient cependant à fixer son attention sur la liaison qui existait entre eux, et à la tenir toujours présente à sa mémoire. Quelquefois elle se rappelait la remarque par laquelle Rose avait justifié la réserve observée par son jeune protecteur; et, tandis que son ame repoussait avec mépris l'idée que, dans aucun cas, la présence soit accidentelle, soit continuelle de Damien, pût être préjudiciable aux intérêts de son oncle, elle cherchait sans cesse de nouveaux argumens pour lui donner souvent une place dans sa mémoire. N'était-il pas de son devoir de penser à Damien comme au plus proche parent du connétable? celui qu'il aimait le mieux, et auquel il donnait toute sa confiance, n'avait-il pas été son libérateur? n'était-il pas encore son protecteur? ne pouvait-il pas être regardé comme un instrument spécialement employé par sa patrone pour rendre efficace la protection qu'elle lui avait accordée en plus d'une occasion?

L'esprit d'Eveline se révoltait contre les restrictions auxquelles étaient assujetties ses relations avec Damien. N'était-ce pas avouer des soupçons dégradans? Cette réserve ne ressemblait-elle pas à la réclusion forcée dans laquelle elle avait entendu dire que les païens retenaient leurs femmes dans l'Orient? Pourquoi fallait-il qu'elle ne vît son protecteur que dans les services qu'il lui rendait et dans les soins qu'il prenait de sa sûreté; qu'il n'entendît exprimer ses sentimens que par la bouche des autres, comme si l'un des deux eût été attaqué de la peste ou de quelque autre maladie contagieuse qui aurait pu rendre sa présence dangereuse à l'autre? S'ils s'étaient vus de temps en temps, quel aurait pu en être le résultat, si ce n'est que les attentions d'un frère pour une sœur, les soins d'un brave et fidèle protecteur pour la fiancée d'un proche parent, auraient pu rendre la triste solitude de Garde-Douloureuse plus supportable pour une jeune personne qui, quoique abattue par les circonstances dans lesquelles elle se trouvait, était naturellement vive et enjouée?

Cette manière de raisonner paraissait si concluante à Eveline quand elle se livrait à ses réflexions solitaires, qu'elle résolut plusieurs fois de communiquer à Rose Flammock tout ce qu'elle pensait. Mais il arrivait que lorsqu'elle jetait un regard sur l'œil bleu, calme et tranquille de la jeune Flamande, et qu'elle se souvenait qu'à sa fidélité inviolable Rose joignait une sincérité et une franchise à l'épreuve de toute considération, elle craignait de s'exposer à quelques soupçons dans l'esprit de sa suivante, et sa fierté normande se révoltait à l'idée d'être obligée de se justifier devant une autre, quand sa justification était complète à ses propres yeux.

Laissons, disait-elle, les choses telles qu'elles sont, et endurons tout l'ennui d'une vie qu'il serait si facile de rendre plus agréable, de peur que cette amie zélée, mais pointilleuse, ne trouve dans les scrupules que lui inspire son affection pour moi des motifs pour me croire capable d'encourager une liaison qui pourrait faire naître une pensée moins digne de moi dans l'esprit le plus scrupuleux des deux sexes.

Mais cette vacillation d'opinion et la résolution dont elle était suivie ne servaient qu'à retracer à l'imagination d'Eveline l'image du jeune et beau Damien plus souvent peut-être que le connétable n'en eût été charmé s'il avait pu en être instruit. Cependant jamais elle ne se livrait long-temps à de semblables réflexions sans que le souvenir du destin singulier qu'elle avait éprouvé jusqu'alors la replongeât dans les méditations plus mélancoliques dont la légèreté innocente de la jeunesse l'avait tirée un instant.

CHAPITRE XXIII.

———

« Puisque le temps est beau,
» Voyons si mon faucon saura prendre un oiseau. »
RANDOLPH.

Par une belle matinée de septembre, le vieux Raoul était occupé dans le bâtiment destiné à l'éducation des faucons, murmurant entre ses dents tout en examinant l'état dans lequel se trouvait chacun de ses oiseaux, et accusant alternativement la négligence du sous-fauconnier, la mauvaise situation du lieu, la saison, le vent, et tout ce qui l'entourait, de la dévastation que le temps et les maladies avaient occasionée dans la fauconnerie long-temps négligée de Garde-Douloureuse. Tandis qu'il était plongé dans ces réflexions désagréables, il fut surpris d'entendre la voix de sa chère moitié, dame Gillian, qui se levait rarement de si bon matin, et qui plus rarement encore venait lui rendre visite quand il était dans la sphère immédiate de ses attributions particulières.

— Raoul! Raoul! où es-tu donc, mon homme? Il faut toujours te chercher quand il y a quelque chose à faire qui peut être de quelque utilité pour toi ou pour moi.

— Que veux-tu? demanda Raoul d'une voix plus aigre que celle de la mouette quand elle annonce la tempête. Au diable soient tes cris! il y a de quoi effrayer tous les faucons qui sont sur le perchoir.

— Les faucons! répliqua dame Gillian; il est bien temps de songer à des faucons, quand il y a ici à vendre *un vol* des plus beaux gerfauts qui aient jamais pris leur essor sur un lac, sur une rivière ou une prairie.

— Dis donc des chouettes, s'écria Raoul, semblables à celle qui en apporte la nouvelle.

— Non, ni de vieux hiboux comme celui à qui je l'apprends, répondit Gillian; ce sont de superbes gerfauts, les narines larges, les serres fortes, le bec court et bleuâtre, le.....

— Je n'ai que faire de ton jargon. D'où viennent-ils? s'écria Raoul, qui prenait grand intérêt à cette nouvelle, mais qui ne voulait pas que sa femme eût le plaisir de s'en apercevoir.

— De l'île de *Man*, répondit Gillian.

— En ce cas ils doivent être bons, quoique ce soit une *femme* (1) qui les prône, dit Raoul souriant de son bon mot avec une sorte de grimace; et où trouverai-je ce fameux marchand de gerfauts?

(1) *Man* signifie *homme*, ce qui explique le jeu de mots. — Éd.

— Entre les deux portes du château, répondit Gillian, dans l'endroit où l'on reçoit tous les marchands qui ont quelque chose à vendre. Où veux-tu qu'il soit?

— Et qui lui a permis de passer la première?

— Qui? l'intendant, vieux hibou. Il est venu m'en avertir, et m'a chargée de venir te chercher.

— Oh! l'intendant, sans doute, l'intendant; j'aurais dû m'en douter. Il lui était plus facile d'aller t'avertir dans ta chambre que de venir me chercher ici. N'est-il pas vrai, cher cœur?

— Je ne sais pourquoi il a préféré venir me trouver plutôt que de courir après toi; et quand je le saurais, peut-être ne te le dirais-je pas. Au surplus, fais le marché, manque le marché, je ne m'en soucie guère; mais le marchand ne t'attendra pas long-temps. Il a de bons certificats du sénéchal de Malpas et du lord gallois de Dinevawr.

— J'y vais, j'y vais, dit Raoul, empressé de saisir cette occasion d'améliorer sa fauconnerie. Il se rendit sur-le-champ entre les deux portes, où il trouva le marchand suivi d'un varlet qui portait trois cages contenant autant de gerfauts.

Un seul coup d'œil suffit pour convaincre Raoul qu'ils étaient de la meilleure race de toute l'Europe, et que s'ils avaient été convenablement instruits, ils seraient dignes de figurer dans une fauconnerie royale. Le marchand ne manqua pas d'appuyer sur toutes leurs qualités, la largeur de leurs épaules, la force de leur queue, le feu et la fierté de leurs yeux noirs, la hardiesse avec laquelle ils se laissaient approcher par les étrangers, la vigueur qu'ils montraient en hérissant et secouant leurs plumes; il insista surtout sur les difficultés qu'il avait rencontrées et sur les dangers qu'il avait courus en allant les dénicher sur le roc de Ramsey, où les faucons qui font leur aire ne le cèdent en rien même à ceux des côtes de Norwège.

Raoul fit la sourde oreille à tous ces éloges. — Ami marchand, dit-il, je me connais en faucons tout aussi bien que toi, et je ne nierai pas que ceux-ci ne soient d'une bonne espèce; mais s'ils n'ont pas été bien instruits et bien dressés, j'aimerais autant avoir un épervier sur mon perchoir que le plus beau gerfaut qui ait jamais étendu l'aile au vent.

— J'en conviens, répondit le marchand; mais si nous sommes d'accord sur le prix, car c'est là le point important, vous en jugerez à l'œuvre; après quoi vous les achèterez si bon vous semble. Foi de marchand, vous n'avez jamais vu d'oiseaux semblables, soit pour prendre leur vol, soit pour fondre sur leur proie.

— C'est bien parler; il ne s'agit plus que de savoir le prix.

— Je vous le dirai aussi franchement. J'avais apporté six vols de faucons de l'île de Man, avec la permission du bon roi Réginald; j'en ai vendu jusqu'à la dernière plume, à l'exception des trois que voici, de sorte qu'ayant vidé mes cages et rempli ma bourse, je désire me débarrasser du reste le plus tôt possible, et si un brave garçon et un connaisseur comme vous paraissez l'être trouve mes gerfauts à son gré, quand il les aura vus au vol, il en fixera le prix lui-même.

— Non, non, je ne veux pas d'un pareil marché. Si les gerfauts me conviennent, ma maîtresse est plus en état de les bien payer que vous ne l'êtes de perdre sur leur valeur. Un besant vous paraît-il un prix raisonnable pour les trois?

— Un besant? maître fauconnier! Sur ma foi, vous n'êtes pas trop hardi dans vos offres. Doublez-les, et j'y réfléchirai.

— Eh bien, si les gerfauts sont bien dressés, je vous en donnerai un besant et demi. Mais je veux les voir fondre sur un héron avant de conclure un pareil marché.

— C'est justice, et j'aime mieux accepter vos offres que d'être embarrassé plus long-temps de ces oiseaux. Si je les portais dans le pays de Galles, les coquins pourraient me les payer en tout autre monnaie avec leurs longs couteaux. Voulez-vous monter à cheval sur-le-champ?

— Certainement; et, quoique le mois de mars soit plus favorable pour la chasse aux hérons, nous ne ferons pas un mille le long de la rivière sans que je vous montre quelqu'un de ces pêcheurs de grenouilles.

— Tout est dit, sire fauconnier. Mais irons-nous seuls? N'y a-t-il pas dans ce château quelque seigneur ou quelque dame qui serait charmé de prendre part à ce noble divertissement? Je ne craindrais pas de faire voir mes gerfauts à une comtesse.

— Ma maîtresse aimait assez la chasse au vol autrefois; mais, je ne sais pourquoi, depuis la mort de son père, elle est toujours d'une humeur sombre et rêveuse, et elle vit dans ce beau château comme une nonne dans un cloître, sans se donner le moindre plaisir d'aucune espèce. — Cependant, Gillian, vous avez quelque crédit sur elle; faites une bonne action en votre vie, et engagez-la à sortir pour voir la chasse. Son pauvre cher cœur n'a pas eu un seul passe-temps de tout l'été.

— Je m'en charge, répondit Gillian; et je lui ferai voir un habillement de chasse sur lequel je défie quelque femme que ce soit de jeter les yeux sans désirer de l'essayer.

Tandis qu'elle parlait ainsi, son mari, à cerveau jaloux, crut surprendre entre elle et le marchand certains coups d'œil qui semblaient annoncer entre eux plus d'intelligence qu'on n'aurait pu supposer d'après leur courte connaissance, même en ayant égard au caractère extrêmement liant de la dame Gillian. Il crut aussi, en regardant le marchand avec plus d'attention, que ses traits ne lui étaient pas tout-à-fait inconnus, et il lui dit d'un ton un peu sec :

— Nous nous sommes déjà vus, l'ami; mais je ne puis me rappeler où.

— C'est assez vraisemblable. Je suis déjà venu bien des fois dans ce pays, et il est possible que j'aie reçu de votre argent. Si nous étions en lieu convenable, je paierais volontiers un pot de vin pour faire plus ample connaissance.

— Pas si vite, l'ami, dit le vieux piqueur. Avant que je boive avec quelqu'un pour faire plus ample connaissance avec lui, il faut que je sois satisfait de ce que j'en connais déjà. Nous verrons travailler vos gerfauts; et, s'ils ne démentent pas vos rodomontades, il sera possible que nous trinquions ensemble. Mais, sur ma foi, voici les palefreniers et les écuyers : ma maîtresse a consenti à sortir.

L'occasion de jouir de cet amusement s'était offerte à Eveline dans un moment où un temps délicieux, la douce température de l'air, et les travaux joyeux de la moisson, dont on s'occupait dans tous les environs, rendaient irrésistible la tentation de prendre quelque exercice.

Comme on ne se proposait pas d'aller plus loin que sur les bords de la rivière voisine, près du pont fatal, qui était constamment gardé par un petit détachement d'infanterie, Eveline se dispensa de prendre une autre escorte, et, contre la coutume établie au château, elle partit n'ayant pour toute suite que Rose, Gillian et deux valets, qui tenaient en laisse des épagneuls. Raoul, le marchand et un écuyer, étaient aussi avec elle, chacun d'eux tenant un gerfaut sur le poing, et discutant sur la meilleure manière de les lancer, pour juger de leur force et de leur savoir-faire.

Ces points importans ayant été réglés à la satisfaction générale, ils suivirent les bords de la rivière, regardant avec soin de tous côtés, mais sans apercevoir un seul héron dans les endroits ordinairement fréquentés par ces oiseaux, quoiqu'il y eût une héronnière à peu de distance.

De tous les petits contre-temps il en est peu de plus impatientans que celui qu'éprouve un chasseur bien équipé et muni de tout ce qu'il faut pour abattre du gibier, et qui ne peut réussir à en rencontrer, parce qu'il sent qu'avec son appareil de chasse et sa gibicière vide il est exposé au sourire moqueur du premier rustaud passant près de lui. Toute la compagnie de lady Eveline partageait ce désappointement et l'espèce d'humiliation qui en est la suite.

— Un beau pays! dit le marchand; faire deux milles le long d'une rivière, et ne pas voir un pauvre héron!

— C'est le tapage que font ces maudits Flamands avec leurs moulins à eau et leurs moulins à foulon, qui en est la cause, s'écria Raoul; ils effraient les oiseaux et nuisent aux plaisirs de la bonne compagnie; mais si milady voulait faire encore un mille ou environ, pour aller jusqu'à l'Étang-Rouge, je me fais fort de vous montrer un drôle à longues pattes qui fera voir du pays à vos gerfauts.

— L'Étang-Rouge, dit Rose; vous devez savoir qu'il est à plus de trois milles au-delà du pont, et à peu de distance des montagnes.

— Oui, oui, dit Raoul; encore une frasque flamande pour nuire aux divertissemens des autres. On ne manquera pas de perdrix flamandes sur les frontières, la belle: vous n'avez pas besoin de craindre les faucons gallois.

— Raoul a raison, Rose, dit Eveline; il est ridicule que nous restions enfermées comme des oiseaux dans une cage, quand la tranquillité a constamment régné si long-temps dans tous les environs. Pour aujourd'hui du moins, je suis déterminée à quitter mes lisières, et à chasser comme nous le faisions autrefois, sans être entourées d'une foule de soldats armés, comme un prisonnier d'état. Nous irons à l'Étang-Rouge, Rose, et nous chasserons le faucon en libres habitantes des frontières.

— Permettez-moi du moins de dire à mon père de monter à cheval et de nous suivre, dit Rose; car elles étaient en ce moment près de la manufacture que l'honnête Flamand avait rétablie.

— De tout mon cœur, Rose, dit Eveline; mais croyez-moi, ma chère amie, nous serons à l'Etang-

Rouge et en chemin pour en revenir avant que votre père ait mis sur ses épaules son meilleur justaucorps, ceint son épée à double poignée, et sellé son éléphant de cheval qu'il appelle judicieusement le Paresseux. Ne froncez pas le sourcil, Rose, et ne perdez pas à justifier votre père un temps qui peut être mieux employé à aller l'avertir.

Rose dirigea sur-le-champ son cheval vers les moulins à foulon, et Wilkin Flammock, à l'ordre de sa dame suzeraine, se hâta de prendre son armet, avec son haubert d'acier, et ordonna à une demi-douzaine de ses compatriotes de s'apprêter à monter à cheval pour le suivre. Rose resta près de lui pour accélérer ses préparatifs avec plus de zèle qu'on ne pouvait en attendre de son caractère calme et méthodique; mais en dépit de tous ses efforts pour le stimuler, lady Eveline avait passé le pont depuis plus d'une demi-heure avant que son escorte fût prête à la suivre.

Cependant, libre de toute crainte, et avec le même sentiment de plaisir que si elle se fût échappée de prison, Eveline s'avançait montée sur son superbe genet, gaie comme une alouette. Le panache dont dame Gillian avait orné son chapeau flottait au gré du vent, et sa petite suite galopait après elle avec les chiens, les gibecières et tout l'attirail nécessaire pour le divertissement royal de la chasse au vol. Après qu'ils eurent traversé la rivière, le sentier couvert de verdure qu'ils suivaient commença à serpenter, en montant, entre de petites hauteurs, tantôt arides et rocailleuses, tantôt couvertes de coudriers, d'épines et d'autres arbustes. Enfin, descendant tout à coup, il les conduisit sur le bord d'un petit ruisseau qui, semblable à un agneau bondissant, sautait de rocher en rocher, et semblait incertain du chemin qu'il devait suivre.

— Ce petit ruisseau a toujours été mon favori, Gillian, dit Eveline, et il me semble qu'il coule plus gaiement maintenant qu'il me revoit.

— Ah! milady, répondit dame Gillian, qui n'avait l'esprit de la conversation qu'autant qu'il en fallait pour débiter quelques basses flatteries, que de beaux chevaliers sauteraient plus haut que mon épaule pour pouvoir vous regarder aussi librement que ce ruisseau, surtout depuis que vous avez mis ce brillant panache, qui, pour la délicatesse de l'invention, surpasse, je crois, tout ce que j'ai jamais imaginé. Qu'en pensez-vous, Raoul?

— Je pense, répondit son mari toujours poli, que les langues des femmes ont été inventées pour chasser tout le gibier d'un pays. Nous voici près de l'endroit où nous devons en trouver ou jamais; ainsi donc, ayez la bonté de vous taire, et gagnons doucement et sans bruit le bord de l'étang, en tenant dénoués les chaperons de nos gerfauts, afin d'être prêts à leur donner le vol quand il le faudra.

Tout en parlant ainsi, ils suivaient les rives du ruisseau; au bout de deux cents pas, la petite vallée dans laquelle il coulait fait subitement un coude, et l'on découvre l'Étang-Rouge, dont les eaux superflues donnent naissance au ruisseau lui-même.

Ce lac ou cet étang, situé au milieu des montagnes, était un bassin profond, d'environ un mille de circonférence, et de forme circulaire ou plutôt ovale. Sur ses bords, du côté où étaient nos chasseurs, s'élevait une chaîne de rochers d'un rouge foncé, ce qui lui avait fait donner le nom qu'il portait, à cause de la couleur de cette barrière massive que réfléchissait le sein calme de l'onde. De l'autre côté était une colline couverte de bruyères qui n'avaient pas encore perdu leur parure pourpre d'automne pour prendre une teinte roussâtre : on y voyait aussi la fougère et le genêt épineux d'un vert foncé. Le long du rivage, tout autour du lac, une route naturelle, tapissée d'un beau sable, en séparait les eaux, d'un côté, des rochers escarpés, et de l'autre, de la colline agréablement boisée; un espace de trois toises de largeur, et quelquefois davantage dans tout son circuit, semblait inviter le chasseur à exercer sa monture. Les rives de l'étang, du côté des rochers, offraient çà et là d'énormes fragmens qui s'en étaient détachés, mais non en assez grande quantité pour gêner le passage. Plusieurs, ayant roulé dans leur chute jusque dans le lac, sortaient du sein des eaux comme un archipel de petites iles, et ce fut là que l'œil exercé de Raoul découvrit le héron qu'il cherchait.

Une courte consultation eut lieu entre lui et le marchand pour déterminer de quelle manière ils attaqueraient l'oiseau triste et solitaire, qui, ne se doutant pas qu'il était lui-même l'objet d'une redoutable embuscade, était immobile sur un de ces fragmens isolés de rocher, guettant les petits poissons et les reptiles aquatiques. Ils discutèrent le meilleur moyen de lui faire prendre son vol pour procurer à lady Eveline la vue la plus avantageuse de la chasse. La facilité de tuer l'oiseau sur le *far jettée* ou sur la *jettée ferrée*, c'est-à-dire sur la rive où ils se trouvaient, ou sur celle qui y faisait face, fut débattue à voix basse avec autant d'importance et de vivacité que s'il se fût agi d'exécuter quelque grande et périlleuse entreprise.

Enfin tous les arrangemens furent terminés, et l'on commença à s'avancer vers l'ermite aquatique, qui, s'apercevant alors de leur approche, se dressa dans toute sa hauteur, allongea son grand cou maigre, déploya ses larges ailes en éventail, et, jetant ses longues pattes derrière lui, prit son vol dans les airs. Aussitôt le marchand donna l'essor au noble gerfaut qu'il portait, en poussant un cri pour l'encourager, après l'avoir déchaperonné pour lui faire voir sa proie.

Avec l'ardeur d'une frégate qui donne la chasse à un galion richement chargé, le gerfaut s'élança sur l'ennemi qu'il avait appris à poursuivre, tandis que, se préparant à se défendre si la fuite ne pouvait lui réussir, le héron volait à tire d'ailes pour échapper à son formidable adversaire. Déployant la force presque sans égale de ses ailes, l'oiseau menacé s'élevait de plus haut en plus haut, en décrivant des cercles, pour que le gerfaut ne gagnât pas l'avantage de pouvoir fondre sur lui, tandis que son bec pointu, placé à l'extrémité d'un cou allongé, qui lui permettait de frapper dans tous les sens à plus de deux pieds de distance, aurait inspiré autant de terreur qu'une javeline mauresque à un assaillant moins intrépide.

On donna l'essor à un second gerfaut, que les cris du fauconnier encouragèrent à aller joindre son compagnon. Tous deux continuaient à monter, en décrivant également une suite de petits cercles, et en cherchant à atteindre une hauteur supérieure à celle que le héron s'efforçait de conserver ; cette émulation continua, à la grande satisfaction des spectateurs, jusqu'au moment où les trois oiseaux furent sur le point de se confondre avec les nuages d'où l'on entendait partir de temps en temps le son plaintif de la voix du héron, comme s'il eût pris le ciel à témoin de la cruauté gratuite de ceux qui le persécutaient.

Enfin le premier des deux gerfauts arriva à une hauteur d'où il crut pouvoir fondre sur sa proie; mais le héron se tint si judicieusement sur la défensive qu'il reçut sur son bec pointu le choc destiné à son aile droite, de sorte qu'un de ses ennemis, percé à travers le corps par son propre poids, tomba dans le lac, à peu de distance du bord, du côté opposé, et y périt.

— Voilà un beau gerfaut qui va nourrir les poissons, dit Raoul; marchand, ton pain n'est pas cuit.

Mais tandis qu'il parlait, le second gerfaut avait déjà vengé la mort de son frère; car la victoire qu'avait remportée le héron sur son premier ennemi n'empêcha pas l'attaque du second, qui, fondant sur lui avec impétuosité, lui brisa l'aile gauche, et, s'attachant à lui, le suivit dans sa chute jusqu'à terre (1).

Il était important que les fauconniers arrivassent sans délai près des deux oiseaux, pour empêcher que le bec ou les serres du héron ne blessassent le gerfaut. Tous les chasseurs partirent donc à l'instant même pour aller de l'autre côté du lac, les hommes piquant leurs chevaux de leurs éperons, et les femmes les excitant avec leurs houssines, tous courant avec la rapidité du vent sur le beau chemin sablé qui bordait le petit lac.

Lady Eveline, beaucoup mieux montée que les autres, animée par l'ardeur de la chasse et par la vitesse de sa

---

(1) Voyez la vignette du titre de ce volume.

course, arriva bien avant aucune personne de sa suite à l'endroit où le gerfaut et le héron se livraient un combat à mort. Le devoir du fauconnier était alors d'aider son faucon, en enfonçant dans la terre le long bec du héron et en lui cassant les pattes, après quoi il permit au faucon d'achever son adversaire.

Ni le sexe ni le rang de lady Eveline ne l'auraient empêchée de servir de second au gerfaut dans cette cruelle lutte; mais à l'instant où elle mettait pied à terre dans ce dessein, elle fut surprise de se sentir saisie par une espèce de sauvage, qui lui dit en gallois qu'il l'arrêtait comme *waif* (1), pour avoir chassé sur les domaines de Dawfyd-le-Borgne. En même temps plusieurs autres, au nombre de plus d'une vingtaine, sortirent des broussailles qui couvraient la colline, et accoururent armés de haches galloises, de longs couteaux, de dards, d'arcs et de flèches.

Eveline poussa de grands cris pour appeler sa suite, et employa ce qu'elle savait de gallois pour exciter la crainte et la compassion des sauvages montagnards qui l'entouraient; car elle ne douta pas qu'elle ne fût tombée entre les mains d'un parti de ces brigands. Quand elle vit qu'ils ne faisaient aucune attention à ses paroles, et qu'ils avaient dessein de la faire prisonnière, elle leur ordonna, à leur péril, de la traiter avec le respect qui lui était dû, leur promettant en ce cas une forte rançon, et les menaçant, s'ils en agissaient autrement, de la vengeance des lords chargés de la garde des frontières, et notamment de Damien de Lacy.

Ces brigands parurent la comprendre; cependant ils

(1) Comme épave. — Éd.

n'en procédèrent pas moins à lui mettre un bandeau sur les yeux, et à lui lier les mains avec son propre voile; tout en commettant ces actes de violence, ils montrèrent une sorte de délicatesse et d'attention qui la porta à espérer que ce qu'elle leur avait dit avait fait impression sur eux. Ils la replacèrent sur son cheval, l'attachèrent à la selle, et l'emmenèrent avec eux dans les montagnes, tandis qu'elle avait le nouveau chagrin d'entendre derrière elle le bruit d'un combat inutile que livrait sa suite pour la secourir.

La surprise avait d'abord saisi les chasseurs, quand ils avaient vu leur divertissement interrompu par une attaque à force ouverte contre leur maîtresse. Le vieux Raoul piqua son cheval des deux éperons; et, criant aux autres de le suivre, courut vaillamment vers les bandits. Mais n'ayant pour toutes armes, de même que les deux domestiques, qu'un couteau de chasse et un bâton, ils furent désarmés par les brigands, qui leur brisèrent sur les épaules leurs propres bâtons, dédaignant généreusement d'employer contre eux des armes plus dangereuses. Raoul resta quelque temps par terre sans connaissance : les deux domestiques s'enfuirent pour donner l'alarme; et dame Gillian et le marchand, debout près du lac, remplissaient l'air de cris arrachés par la crainte et le chagrin. Cependant les Gallois, se réunissant en corps, lancèrent quelques flèches, plutôt pour les effrayer que pour les blesser, et se mirent alors en marche pour couvrir la retraite de ceux de leurs compagnons qui étaient en avant avec lady Eveline.

CHAPITRE XXIV.

―――

» Quatre brigands hier s'emparèrent de moi .
» Étouffèrent mes cris , et sur mon palefroi.
» O fille infortunée! avec soin me lièrent. »

COLERIDGE. *Christabelle.*

Les aventures qu'on ne trouve plus aujourd'hui que dans les ouvrages de pure fiction n'étaient pas rares dans ces siècles de féodalité, quand la force était si universellement au-dessus de la justice. Il en résultait que ceux que leur situation exposait à de fréquentes violences montraient d'abord plus de promptitude à les repousser, et ensuite plus de patience à les souffrir qu'on n'aurait pu l'attendre sans cela de leur sexe et de leur âge.

Lady Eveline, se voyant prisonnière, n'était pas sans alarmes sur le but de l'attaque dirigée contre elle; mais ni ses craintes, ni la violence avec laquelle on l'entraînait, ne purent la priver de la faculté d'observer et de réfléchir. D'après le bruit qu'elle entendait autour d'elle, elle conclut que les brigands étaient montés à cheval. Elle savait que c'était l'usage habituel des maraudeurs gallois. La petite taille de leurs chevaux les rendait peu propres à servir dans un combat; mais ils avaient le pied sûr, une agilité incroyable, et leurs maîtres profitaient de ces qualités pour s'éloigner avec rapidité des lieux qui avaient été le théâtre de leurs rapines, s'assurant ainsi le moyen d'arriver promptement et sans être aperçus, et de faire leur retraite avec vitesse et sûreté. Ces animaux, portant un soldat, traversaient ainsi sans difficulté les montagnes qui coupaient le pays, et Eveline s'aperçut qu'elle était sur de semblables chemins, par la manière dont son palefroi, que deux hommes à pied tenaient de chaque côté par les rênes, paraissait tantôt gravir avec peine un sentier escarpé, tantôt descendre avec encore plus de risque une pente rapide.

Dans un de ces momens, une voix qu'elle n'avait pas encore distinguée lui adressa la parole en anglo-normand, et lui demanda, avec une apparence d'intérêt, si elle se trouvait en sûreté sur sa selle, et si elle désirait qu'on fît quelque changement à la manière dont elle y était placée.

— N'insultez pas à ma situation en me parlant de sûreté, reprit Eveline; vous pouvez bien croire que je regarde ma sûreté comme incompatible avec de pareils actes de violence. Si mes vassaux ou moi nous avons fait injure à quelqu'un de votre *cimry* (1), qu'on me le

(1) Tribu. — Éd.

fasse savoir, et elle sera réparée. Si c'est une rançon qu'on désire, qu'on en fixe la somme, et j'enverrai ordre qu'elle soit payée. Mais ne me retenez pas prisonnière, car vous ne pouvez que m'injurier sans avantage pour vous.

— Lady Eveline reconnaitra bientôt, répondit la même voix avec un accent de courtoisie qui n'était guère d'accord avec la manière dont elle était traitée, que nos desseins ne se ressentent pas de la violence de nos procédés.

— Si vous savez qui je suis, dit Eveline, vous devez présumer aussi que votre attentat ne restera pas impuni. Vous ne pouvez ignorer quelle est la bannière qui protège à présent nos domaines.

— Celle de Damien de Lacy, répondit la même voix avec un ton d'indifférence. Qu'importe? Les faucons ne craignent pas les faucons.

En ce moment il y eut une halte subite, et un murmure confus s'éleva autour d'elle, quoiqu'il y eût régné jusqu'alors un silence si parfait, qu'elle n'avait entendu que quelques phrases bien courtes prononcées en gallois, soit pour indiquer le chemin qu'il fallait suivre, soit pour ordonner de marcher plus vite.

Le bruit cessa, et il y eut une pause de quelques minutes. Enfin Eveline entendit celui qui lui avait déjà adressé la parole donner quelques ordres qu'elle ne comprit pas.

— Vous verrez tout à l'heure, lui dit-il enfin, si je vous ai parlé vrai en disant que je méprise les liens qui vous enchaînent; mais comme vous êtes à la fois la cause du combat et le prix de la victoire, il faut veiller à votre sûreté aussi bien que les circonstances le permettent; et, quelque étrange que puisse être la manière dont nous allons y pourvoir, j'espère que celui qui sera vainqueur dans le combat vous trouvera saine et sauve.

— Pour l'amour de la sainte Vierge, s'écria Eveline, point de combat! Détachez plutôt le bandeau qui me couvre les yeux, et laissez-moi parler à ceux dont vous redoutez l'approche. S'ils sont mes amis, comme j'ai lieu de le croire, je rétablirai la paix parmi vous.

— Je méprise la paix, répondit la même voix; je n'ai pas commencé une entreprise si hardie pour l'abandonner, comme un enfant laisse un jouet dès le premier instant que la fortune cesse de sourire. Ayez la bonté de descendre de cheval, noble dame, ou plutôt permettez-moi de vous enlever ainsi de votre selle, et de vous déposer sur le gazon.

Pendant qu'il parlait, Eveline se sentit enlever de son palefroi, et on l'assit par terre avec beaucoup de soin et d'attention. Un moment après, le même individu qui l'avait descendue de cheval lui prit son chapeau, chef-d'œuvre de dame Gillian, et la mante qu'elle portait par-dessus ses autres vêtemens, et lui dit avec une voix impérative :

— J'ai à vous prier de vous baisser sur les mains et les genoux pour passer par cette étroite ouverture. Croyez que je regrette beaucoup d'être obligé de confier votre sûreté à une place forte d'une espèce si singulière.

Eveline crut devoir obéir, car elle sentait que la résistance serait inutile, et elle pensa qu'en se soumettant aux ordres d'un homme qui semblait avoir de l'autorité sur cette troupe, elle pourrait obtenir sa protection contre la fureur aveugle des Gallois, qui la haïssaient, parce qu'ils la regardaient comme ayant été la cause de leur défaite sous les murs de Garde-Douloureuse, et de la mort de Gwenwyn.

Elle entra donc en rampant dans un passage étroit et humide, bordé des deux côtés de pierres brutes, et si bas qu'il lui aurait été impossible d'y entrer autrement. Après avoir traversé une distance de huit à neuf pieds, elle se trouva dans une petite caverne de forme irrégulière, mais assez haute pour qu'elle pût s'y asseoir aisément. En même temps elle s'aperçut, au bruit qu'on faisait derrière elle, que les brigands bouchaient l'entrée du passage par lequel on venait de l'introduire dans les entrailles de la terre. Elle entendit distinctement le bruit des pierres qu'on employait pour le murer, et elle sentit que le courant d'air qui venait par l'ouverture s'affaiblissant peu à peu, l'atmosphère devenait plus humide et plus épaisse.

En ce moment un bruit sourd frappait ses oreilles, et Eveline crut y distinguer un cliquetis d'armes, des hennissemens de chevaux, des cris poussés par des combattans; mais tous ces sons, amortis par les murs de pierre de sa prison, ne formaient qu'un murmure confus qui n'apportait à ses oreilles que ce qu'on peut supposer que les morts entendent du monde qu'ils ont quitté.

Excitée par le désespoir, dans une position si terrible, Eveline fit des efforts incroyables pour dégager ses mains des liens qui les attachaient. Elle y réussit enfin, et son premier mouvement fut d'arracher le bandeau qui lui couvrait les yeux; mais cela ne servit qu'à la convaincre qu'il était impossible qu'elle s'échappât. Elle se trouvait dans de profondes ténèbres, et, étendant les bras à la hâte autour d'elle, elle reconnut qu'elle était dans une caverne souterraine et fort étroite. Ses mains, en retombant par terre, rencontrèrent quelques pièces de métal presque décomposé, et, ce qui en tout autre instant l'aurait fait frémir d'horreur, des ossemens desséchés. Mais en ce moment cette circonstance même ne pouvait ajouter à ces craintes, enfermée, comme elle paraissait l'être, dans les entrailles de la terre, pour y périr d'une mort lente et affreuse, tandis que ses amis, ses libérateurs, étaient probablement à quelques pas d'elle. Elle étendit encore les bras pour chercher quelque voie de salut, mais partout elle les sentit repoussés par une barrière de pierre, contre laquelle tous ses efforts étaient aussi inutiles que si elle les eût dirigés contre le dôme d'une cathédrale.

Le bruit qui avait frappé ses oreilles augmentait et approchait rapidement; et il lui sembla un moment que la voûte sous laquelle elle était assise résonnait du bruit des coups qu'on se portait sur sa surface extérieure, et celui de quelques corps lourds qu'on y jetait ou qui y tombaient. Eveline fut saisie d'une terreur à laquelle il eût été impossible que sa raison résistât si elle eût été de longue durée; mais heureusement la cause en cessa promptement. Des sons moins distincts, et qui semblaient mourir dans l'éloignement, annoncèrent bientôt que l'un des deux partis battait en retraite, et enfin un profond silence y succéda.

Eveline resta alors absorbée dans ses réflexions et sa situation désastreuse. Le combat était terminé, et, comme les circonstances la portaient à le croire, ses amis étaient restés les plus forts, puisque les Gallois vainqueurs l'auraient tirée de prison pour l'emmener captive, comme ils l'en avaient menacée. Mais de quelle utilité pouvait être à Eveline le triomphe de ses fidèles défenseurs, puisqu'elle restait enfermée dans un souterrain sous le champ de bataille, qui devait avoir échappé à leurs observations? Elle était destinée à devenir la proie de l'ennemi, s'il osait se remontrer en ces lieux, ou à périr dans les ténèbres, d'un genre de mort aussi horrible qu'aucun tyran ait pu en inventer, qu'aucun martyr en ait jamais pu subir, et auquel l'infortunée ne pouvait songer sans adresser au ciel une prière pour que, du moins, son agonie ne fût pas prolongée.

En ce moment terrible, elle se rappela le poignard qu'elle portait, et la sombre réflexion qui se présenta à son imagination fut que, si elle avait perdu tout espoir de vivre, elle avait du moins entre les mains le moyen de se procurer une prompte mort. L'idée de cette affreuse alternative la fit frémir d'horreur, et elle se demanda tout à coup si cette arme ne pouvait pas lui servir à un autre usage, en l'aidant à recouvrer sa liberté, au lieu d'abréger ses souffrances par le trépas.

S'étant une fois livrée à cette espérance, la fille de Raymond Bérenger ne perdit pas un instant. Ayant réussi, non sans difficulté, à changer de posture et à reconnaître toute la circonférence du souterrain dans lequel elle était, elle retrouva le passage par lequel elle y était entrée, et espéra pouvoir s'en servir pour retourner à la lumière du jour. Elle se glissa donc de nouveau en rampant, arriva bientôt à l'extrémité; mais, comme elle s'y attendait, elle la trouva bouchée par d'énormes pierres, jointes ensemble par de la terre de manière à lui ôter tout espoir d'échapper.

Cependant ce travail avait été fait à la hâte, et sa vie et sa liberté étaient d'un prix à exciter les plus grands efforts. Avec son poignard elle parvint à détacher la terre encore humide, et avec ses mains elle réussit à faire tomber en dehors une petite pierre. Et le jour pénétra dans sa caverne; et, ce qui n'était pas moins précieux, elle put respirer un air pur. Mais en même temps elle eut le chagrin de reconnaître que la principale pierre qui bouchait le milieu de l'entrée était si pesante qu'il lui serait impossible de la faire changer de place sans le secours de quelqu'un. Sa situation se trouvait pourtant moins malheureuse; elle voyait le jour, elle respirait librement; et il lui devenait possible d'appeler du secours.

Néanmoins les cris qu'elle poussa furent d'abord inutiles. Le champ de bataille sans doute avait été abandonné aux morts et aux mourans, et pendant quelques minutes des gémissemens étouffés furent la seule réponse qu'elle obtint. Enfin, à force de répéter ses exclamations, elle entendit prononcer les paroles suivantes par une voix aussi faible que celle d'une personne qui sort d'un long évanouissement :

— Edris d'Earthen-House (1), est-ce toi qui appelles de ta tombe le malheureux qui touche à la sienne? Les liens qui m'attachaient aux vivans sont-ils déjà rompus? Entends-je, avec des oreilles de chair, les accens redoutables des mourans?

(1) Edris de *la Maison de Terre*. Le début du chapitre suivant fera connaître cet Edris, invoqué par l'imagination troublée de Damien. — ÉD.

— Ce n'est pas un esprit qui vous parle, s'écria Eveline, enchantée de pouvoir du moins entrer en communication avec un être vivant, ce n'est pas un esprit, c'est une malheureuse fille, Eveline Bérenger, qui est enfermée sous cette voûte obscure, et en danger d'y périr d'une mort horrible, à moins que Dieu ne lui envoie du secours.

— Eveline Bérenger! répéta la même voix avec un accent de surprise; impossible! J'ai reconnu sa mante verte. J'ai vu flotter son panache tandis qu'on l'entraînait loin d'ici. J'ai senti qu'il ne me restait plus assez de forces pour la secourir, et cependant elles ne m'ont abandonné tout-à-fait que lorsque j'ai vu disparaître à mes yeux sa robe et ses plumes, et que tout espoir de pouvoir la sauver s'est évanoui de mon cœur.

— Brave vassal, fidèle ami, courtois étranger, quel que soit le nom que je doive vous donner, apprenez que vous avez été trompé par les artifices de ces bandits gallois. Il est vrai qu'ils ont emporté la mante et le panache d'Eveline Bérenger, et ils peuvent s'en être servis pour abuser les amis qui, de même que vous, prennent intérêt à moi. Tâchez donc, brave étranger, d'imaginer quelque moyen pour nous procurer du secours à tous deux, s'il est possible ; car ces brigands, s'ils échappent à ceux qui les poursuivent, ne manqueront pas de revenir ici, comme le voleur retourne à la cachette où il a déposé le butin qu'il a fait.

— Que le nom de la sainte Vierge soit béni, s'écria le blessé, puisque je puis justement et honorablement dévouer à votre service le dernier souffle de vie qui me reste. Je ne voulais pas auparavant donner de mon cor, de peur de rappeler à mon aide, indigne que j'en suis, quelques-uns de ceux qui couraient à votre secours; maintenant, fasse le ciel que cet appel soit entendu, et que mes vœux puissent encore voir lady Eveline en sûreté et en liberté!

Ces paroles, quoique prononcées d'une voix faible, respiraient un esprit d'enthousiasme, et elles furent suivies du son d'un cor auquel les échos des montagnes répondirent seuls. Un son plus perçant y succéda, mais il cessa tout à coup, comme si l'haleine avait manqué à celui qui le produisait.

Une pensée étrange se présenta à l'esprit d'Eveline, même en ce moment d'incertitude et de terreur. — Les sons que je viens d'entendre sont ceux de la maison des De Lacy, dit-elle; sûrement vous ne pouvez être que mon bon parent sir Damien !

— Je suis ce misérable, digne de la mort pour le peu de soin qu'il a pris du trésor qui lui était confié. Qu'avais-je besoin de me fier à des rapports et à des messagers? J'aurais dû veiller sur le joyau précieux dont j'étais chargé avec tout le soin que l'avare donne au vil objet qu'il appelle son trésor. J'aurais dû, sans être vu, sans être connu, reposer sans cesse à votre porte, plus vigilant que les plus brillantes étoiles du firmament. J'aurais dû ne pas m'écarter un instant de votre voisinage; alors vous n'auriez pas couru le danger où vous êtes, et Damien de Lacy, ce qui est bien moins important, ne serait pas descendu au tombeau en vassal négligent et parjure.

— Hélas! noble Damien, ne me brisez pas le cœur en vous accusant d'une imprudence dont je suis seule coupable. Vous étiez toujours prêt à me protéger à mon moindre désir, et mon infortune devient plus amère quand je pense que ma témérité a été cause de votre malheur. Répondez-moi, bon parent, et laissez-moi espérer que les blessures que vous avez reçues sont de nature à pouvoir être guéries. Hélas ! pourquoi faut-il que j'aie fait couler votre sang ! Quel destin est le mien, puisque j'attire des désastres sur tous ceux à qui je sacrifierais mon propre bonheur ! Mais ne rendons pas plus amers, en nous livrant à d'inutiles murmures, des momens que nous accorde la merci du ciel. Faites ce que vous pourrez pour arrêter votre sang, Damien, un sang si précieux à l'Angleterre, à Eveline, à votre oncle.

Damien ne lui répondit que par un faible gémissement, et Eveline, désespérée en songeant qu'il allait peut-être périr faute de secours, renouvela ses efforts pour se remettre en liberté afin de courir à son aide. Mais tout fut inutile, et cessant ses vaines tentatives, elle s'assit, image du désespoir, passant d'un sujet de terreur à un autre, et écoutant, avec toute l'attention de l'inquiétude, si elle n'entendrait pas le dernier soupir de Damien expirant.

Tout à coup, quel moment d'extase ! le terrain rocailleux retentit sous les pas de chevaux qui s'avançaient rapidement. Cet heureux son semblait l'assurer de la vie, mais non de la liberté. Il pouvait annoncer le retour des bandits des montagnes, arrivant pour emmener leur captive : mais sûrement ils ne l'empêcheraient pas de jeter un coup d'œil sur Damien et de bander ses blessures ; ils trouveraient plus d'avantage à le faire prisonnier qu'à lui ôter la vie. Un cavalier arriva; Eveline implora son secours, et le premier mot qu'elle entendit fut une exclamation en flamand, sortie de la bouche du fidèle Wilkin Flammock; exclamation que la vue du spectacle le plus extraordinaire pouvait seule arracher à cet être flegmatique.

Sa présence fut particulièrement utile en ce moment, car lady Eveline lui ayant appris dans quelle situation elle se trouvait, et l'ayant prié en même temps de donner les plus prompts secours à Damien de Lacy, il commença, avec un sang-froid admirable, et non sans quelque science, par bander les blessures du jeune guerrier, pendant que les Flamands qui étaient à sa suite ramassaient des leviers que les Gallois avait abandonnés dans leur retraite, et s'en servaient pour travailler à la délivrance d'Eveline. Réunissant leurs efforts et guidés par l'expérience de Flammock, ils parvinrent d'abord à faire faire à la pierre un léger mouvement qui permit d'apercevoir la prisonnière, à la grande joie de ses libérateurs; mais heureuse surtout fut la fidèle Rose, qui, ne craignant aucun risque personnel, tournait autour de la pierre ébranlée comme un oiseau auquel on a ravi ses petits voltige autour de la cage dans laquelle un enfant espiègle les a enfermés. Il fallut de grandes précautions pour retirer la pierre, de crainte que, tombant dans l'intérieur, elle ne blessât Eveline.

Enfin l'énorme fragment de rocher fut déplacé de manière à permettre à Eveline de sortir de prison; mais les travailleurs, comme pour la venger de la détention qu'elle avait subie, ne cessèrent pas pour cela d'employer leurs leviers contre cette pierre; et, continuant leurs efforts, ils la firent tomber de la petite plateforme où était l'entrée de la caverne sur la pente rapide de la montagne, d'où cette lourde masse, acquérant par sa chute une nouvelle force, se précipita avec une rapidité toujours croissante, brisant et renversant tout ce qui s'opposait à son passage, faisant jaillir le feu de tous les angles de rocher qu'elle rencontrait, entourée d'un nuage de poussière, et roula jusque dans un ravin situé au bas de la montagne, où elle se brisa en cinq énormes fragmens avec un bruit qu'on aurait pu entendre de trois milles à la ronde.

Les vêtemens d'Eveline étaient souillés et déchirés, ses cheveux épars, toute sa parure en désordre. Souffrant encore de l'air humide et impur qu'elle avait respiré, et épuisée par les efforts qu'elle avait faits pour se remettre en liberté, elle ne perdit pourtant pas un instant à songer à elle-même ; mais, avec l'empressement d'une sœur qui donne des secours à un frère unique, elle se mit à examiner les diverses blessures que Damien avait reçues, et à prendre les moyens les plus propres à arrêter le sang qui coulait encore de quelques-unes, pour tâcher de lui rendre l'usage de ses sens. Nous avons déjà dit que, comme beaucoup d'autres dames de son temps, Eveline n'était pas sans connaissance dans l'art de la chirurgie, et elle en montra en ce moment plus qu'on ne l'aurait crue capable d'en déployer. Il y avait de la prudence, de la précaution, de la prévoyance dans tous les ordres qu'elle donnait ; et la douceur de son sexe, l'humanité, qui le rend toujours disposé à soulager les souffrances humaines, semblaient en elle puiser une nouvelle dignité dans la force d'une intelligence supérieure.

Après avoir écouté avec surprise, pendant deux minutes, les ordres prudens que sa maîtresse donnait à la hâte, Rose sembla se souvenir tout à coup que le blessé ne devait pas être abandonné aux soins exclusifs de lady Eveline; elle les partagea donc autant qu'elle en était capable, tandis qu'on formait une litière pour transporter le chevalier au château de Garde-Douloureuse.

CHAPITRE XXV.

> « C'était un lieu charmant, mais depuis chacun dit
> « Que tout est bien changé — C'est un endroit maudit. »
> WORDSWORTH.

Le lieu où le combat avait été livré, et où l'on venait d'effectuer la délivrance d'Eveline, avait un aspect sauvage et singulier; c'était une petite plaine, une espèce de halte, entre deux sentiers raboteux, dont l'un suivait le cours d'un ruisseau, tandis que l'autre serpentait sur la montagne. Un pareil endroit, entouré de bois et de collines, avait le renom d'être très giboyeux; et jadis un prince gallois, célèbre par son goût pour le *crew*, et par une hospitalité sans bornes, mais grand chasseur surtout, y avait fait construire un rendez-vous de chasse, où il avait coutume de donner des festins à ses amis et à ses principaux vassaux, avec une profusion sans exemple dans la Cambrie.

Les bardes, dont l'imagination se laissait toujours séduire par la magnificence, et qui ne trouvaient aucune objection à faire au genre de luxe adopté par ce prince, le surnommèrent Edris des Gobelets, et le célébrèrent dans leurs chants en termes aussi pompeux que ceux dont se servait le fameux Hirlar Horn pour immortaliser ses héros. Cependant le prince objet de leurs éloges finit par périr victime du penchant auquel il devait sa renommée, ayant eu le cœur percé d'un coup de poignard dans une de ces scènes de confusion et d'ivresse qui terminaient fréquemment ses fameux banquets. Les amis du prince enterrèrent ses restes près de l'endroit où il avait péri, dans la petite caverne qui venait de servir de prison à Eveline, en barricadèrent l'entrée avec de gros fragmens de rocher, et la couvrirent d'un immense *cairn*, c'est-à-dire d'un amas prodigieux de pierres, sur le sommet duquel ils mirent le meurtrier à mort. La superstition servit de garde à ce monument, qui vit s'écouler bien des années sans qu'on le violât, quoique le bâtiment fût tombé en ruines, et qu'il en restât à peine quelques vestiges.

Depuis quelques années, une bande de brigands du pays de Galles en avait découvert l'entrée, et ils y avaient pénétré dans le dessein de s'emparer des armes et des trésors qu'on ensevelissait souvent avec les morts dans les temps reculés; mais ils furent trompés dans leur attente, et tout ce qu'ils gagnèrent en violant le tombeau d'Edris fut de connaître un lieu secret qui pouvait leur servir pour y déposer provisoirement leur butin, et où même un individu poursuivi pouvait se cacher dans un cas urgent.

Lorsque les cinq ou six hommes qui étaient à la suite de Damien furent arrivés, ils expliquèrent à Wilkin Flammock ce qui leur était arrivé dans cette matinée. Damien leur avait ordonné, au point du jour, de monter à cheval avec une force plus considérable, destinée, à ce qu'ils avaient entendu dire, à marcher contre un parti nombreux de paysans insurgés; mais il avait tout à coup changé de dessein, et, divisant sa troupe en petits détachemens, il leur avait ordonné de faire une reconnaissance dans tous les défilés qui se trouvaient entre les montagnes sur les frontières du pays de Galles et de l'Angleterre, dans les environs de Garde-Douloureuse. C'était pour les soldats un ordre si fréquent, qu'il ne causa aucune surprise. De pareilles manœuvres avaient souvent lieu pour intimider les Gallois en général, et particulièrement les bandes de brigands, qui, ne reconnaissant aucune forme de gouvernement, infestaient toutes les frontières. Cependant on ne manqua pas de remarquer qu'en ce moment Damien semblait abandonner le projet de disperser les insurgés, ce qu'on avait regardé comme la principale affaire de la journée.

Il était environ midi quand Damien, à la tête d'un de ses petits détachemens, rencontra, par un heureux hasard, un des deux domestiques qui avaient pris la fuite, et de qui il apprit l'acte de violence qui venait d'être commis contre lady Eveline. Connaissant parfaitement le pays, Damien courut sur-le-champ vers le défilé d'Édris, par où il savait que les brigands gallois passaient ordinairement pour retourner dans leur forteresse de l'intérieur. Il est probable que ceux-ci, quoique avertis de l'arrivée de Damien, ignoraient qu'il n'avait avec lui qu'une force si peu considérable, et que, prévoyant en même temps qu'ils ne tarderaient pas à être poursuivis par-derrière, leur chef avait adopté le singulier expédient de cacher Eveline dans le tombeau d'Edris, et de couvrir un de ses gens de la mante et du chapeau d'Eveline, afin de tromper les assaillans, et de les écarter de l'endroit où elle était véritablement, et où il avait sans doute le dessein de revenir quand il aurait échappé à ceux qui le poursuivaient.

En conséquence, les brigands s'étaient déjà rangés devant le tombeau, pour commencer une retraite régulière, jusqu'à ce qu'ils trouvassent un endroit convenable pour faire face à leurs ennemis, ou, s'ils étaient trop nombreux, pour leur échapper en abandonnant leurs chevaux, et en se réfugiant au milieu des rochers, où la cavalerie normande ne pourrait les poursuivre. Ce plan avait été déjoué par la promptitude des mouvemens de Damien, qui, voyant de loin la mante et le panache de lady Eveline parmi les brigands déjà en marche, les attaqua sans songer à la différence du nombre et à la légèreté de son armure, ne consistant qu'en un casque et une cotte de peau de buffle, faible défense contre les glaives et les longs couteaux des Gallois. Grièvement blessé dès le commencement du combat, il aurait été tué s'il n'eût été admirablement secondé par ses compagnons, et si les Gallois, jugeant que l'alarme devait être donnée dans tous les environs, et craignant de voir arriver une force plus considérable, n'eussent préféré battre en retraite, ou plutôt prendre la fuite. Damien, mis hors de combat, donna ordre à ses gens de les poursuivre, et de n'y renoncer, pour quelque motif que ce pût être, qu'après avoir tiré de leurs mains la captive qu'ils entraînaient.

Les brigands, forts de leur connaissance du pays, et comptant sur l'activité de leurs petits chevaux gallois, firent leur retraite en bon ordre, et ne perdirent que deux ou trois hommes de leur arrière-garde, qui tombèrent sous les coups de Damien, dans la première fureur de son attaque. Ils se retournaient de temps en temps pour décocher des flèches, et riaient des efforts inutiles que faisaient pour les joindre les hommes d'armes, armés de toutes pièces, avec leurs chevaux pesamment caparaçonnés. Mais la scène changea quand ils aperçurent Wilkin Flammock, qui, monté sur son énorme coursier, commençait à gravir la montagne à la tête d'une troupe d'hommes, les uns à pied, les autres à cheval. La crainte de voir leur retraite coupée fit qu'ils eurent recours à leur dernière ressource; ils abandonnèrent leurs chevaux, escaladèrent les rochers, et s'échappèrent en déployant une activité et une dextérité à toute épreuve.

Tous ne furent pourtant pas si heureux : deux ou trois tombèrent entre les mains des Flamands, et entre autres celui qui portait la mante et le chapeau d'Eveline. On reconnut alors, au grand désappointement de ceux qui cherchaient à la délivrer, qu'au lieu de la jeune dame de Garde-Douloureuse, qu'ils désiraient secourir, on n'avait pris qu'un jeune Gallois privé de raison comme semblaient le prouver ses yeux égarés et ses discours incohérens. Il n'en eût pas moins été tué, sort ordinaire des prisonniers faits dans de semblables escarmouches, si le son du cor de Damien ne se fût fait entendre en ce moment, quoique bien faiblement, tant à ses gens qu'à Wilkin Flammock. Au milieu de la confusion et de la précipitation qu'on mit à obéir à ce signal, le mépris ou la pitié de ceux qui étaient chargés de garder le prisonnier lui fournirent l'occasion de s'échapper.

Dans le fait, on avait peu de chose à en apprendre, quand même il eût été disposé à parler et en état de donner des renseignemens; car personne ne doutait que lady Eveline ne fût tombée dans une embuscade dressée par Dawfyd-le-Borgne, le plus redouté des maraudeurs de son temps, qui avait sans doute conçu le plan de cette entreprise audacieuse, dans l'espoir d'obtenir une rançon considérable pour sa captive; et tous, courroucés de sa hardiesse et de son insolence, jurèrent que sa tête et ses membres serviraient de pâture aux aigles et aux corbeaux.

Tels étaient les détails que les soldats qui formaient la suite de Damien et les Flamands qui accompagnaient Wilkin se communiquèrent réciproquement sur les événemens de la journée. En repassant près de l'Étang-Rouge, ils furent rejoints par dame Gillian, qui, après avoir poussé des cris de joie pour la délivrance inespérée de sa maîtresse, et des exclamations de chagrin pour l'état inattendu dans lequel se trouvait Damien, les informa que le marchand dont les gerfauts avaient été la cause première de toutes ces aventures avait été fait prisonnier par les Gallois pendant leur retraite, et qu'ils lui auraient fait éprouver le même sort, ainsi qu'à Raoul, s'ils avaient eu un cheval de reste pour la monter, et s'ils n'avaient pensé que le vieux Raoul ne valait pas une rançon, et ne méritait pas qu'ils prissent la peine de le tuer. Un d'eux, à la vérité, lui avait jeté une grosse pierre tandis qu'il était étendu par terre ; mais c'était un homme petit et fluet, et la pierre était restée en chemin. Il y avait près de lui un gaillard grand et vigoureux, et, s'il en avait fait autant, il était probable, par la grace de Notre-Dame, que la pierre aurait été plus loin. Après avoir ainsi parlé, la dame se redressa, et ajusta ses vêtemens pour remonter à cheval.

Damien, porté sur une litière formée à la hâte avec des branches d'arbre, fut placé, avec les femmes, au centre de la petite troupe, qui ne tarda pas à s'augmenter de quelques-uns des détachemens du jeune De Lacy, qui rejoignirent son étendard. On se mit alors en marche avec l'ordre et la précaution qui doivent accompagner tous les mouvemens militaires, et l'on traversa les défilés avec l'attention nécessaire à des soldats disposés à attaquer et à vaincre tout ennemi qui pourrait se présenter.

CHAPITRE XXVI.

> « Quoi! jeune, belle, et fidèle à la fois!
> » Si c'est un fait, c'est miracle, je crois. »
> WALLER.

Rose, la suivante la plus désintéressée et la plus affectionnée du monde, fut la première qui, réfléchissant à la hâte sur la situation particulière dans laquelle se trouvait lady Eveline, et le degré bien marqué de retenue et de contrainte qui avait régné jusque alors dans les relations du chevalier blessé avec celle qu'il était chargé de protéger, devint inquiète de savoir ce qu'on allait faire de Damien. Cependant, quand elle se fut approchée d'Eveline pour lui faire cette question importante, elle n'eut pas le courage de la lui adresser.

L'état dans lequel se trouvait lady Eveline était tel, qu'il semblait qu'il y aurait eu presque de la cruauté à la forcer de se livrer à d'autres réflexions que celles qui l'avaient occupée si récemment, et qui paraissaient encore l'agiter. Son visage était pâle comme la mort, à l'exception de deux taches rouges qu'on aurait prises pour des gouttes de sang; son voile et ses vêtemens, déchirés et en désordre, étaient couverts de sang, de boue et de poussière; ses cheveux épars tombaient en longues mèches sur ses sourcils et sur ses épaules; une plume brisée et souillée, tout ce qui restait de sa coiffure, s'était accrochée dans les tresses de ses cheveux, et semblait une dérision plutôt qu'un ornement. Ses yeux étaient constamment fixés sur la litière qui soutenait Damien, et elle marchait sans paraître donner une pensée à quoi que ce fût, si ce n'est au danger de celui qui y était étendu sans mouvement.

Rose vit clairement que sa maîtresse était dans un moment d'enthousiasme qui lui rendrait difficile de considérer avec sagesse et prudence la situation dans laquelle elle se trouvait elle-même, et elle résolut de tâcher d'en éveiller par degrés le souvenir dans son esprit.

— Ma chère maîtresse, lui dit-elle, voudriez-vous prendre ma mante?

— Ne viens pas m'inquiéter, répondit Eveline avec un accent un peu aigre.

— En vérité, milady, Rose Flammock a raison, dit dame Gillian, s'approchant à la hâte en femme qui craignait qu'on n'empiétât sur ses fonctions de maîtresse de garde-robe; ni votre robe ni votre jupe ne sont arrangées convenablement, et, pour dire la vérité, elles semblent n'être portées que par décence. Si Rose veut se déranger et me faire place, je mettrai votre parure en meilleur ordre dans le temps qu'il faudrait pour attacher une épingle, ce qu'aucune Flamande ne saurait faire en vingt-quatre heures.

— Je ne songe guère à ma parure, répondit Eveline sur le même ton.

— Songez donc à votre honneur, à votre bonne renommée, dit Rose en s'approchant encore davantage de sa maîtresse, et en lui parlant à l'oreille; songez, et songez promptement, en quel endroit vous allez faire transporter ce jeune homme blessé.

— Au château, répondit Eveline à voix haute, comme si elle eût dédaigné toute affectation de mystère. Qu'on aille au château, et par le plus court chemin possible.

— Et pourquoi pas dans son camp ou à Malpas (1)? demanda Rose; et croyez-moi, ma chère maîtresse, cela serait beaucoup plus sage.

— Pourquoi pas? pourquoi pas? s'écria Eveline; pourquoi ne pas le laisser sur le bord du chemin, exposé aux couteaux des Gallois et aux dents des loups? Il m'a sauvée une fois, deux fois, trois fois. J'irai où il ira; et je ne serai pas en sûreté un moment avant d'être tranquille sur la sienne.

Rose vit qu'elle ne pouvait faire aucune impression sur sa maîtresse, et elle réfléchissait elle-même que, si l'on transportait le blessé plus loin qu'il n'était absolument nécessaire, on pouvait mettre sa vie en péril. Il se présenta à son esprit un expédient qu'elle crut propre à obvier à tous les dangers; mais il fallait qu'elle consultât son père. Elle agita sa houssine, et en un instant la petite mais jolie Flamande, avec son genet d'Es-

---

(1) Malpas, ville du comté de Chester. — Éd.

pagne, se trouva, en quelque sorte, à l'ombre du gigantesque Flamand et de son grand cheval noir.

— Mon père, lui dit-elle, ma maîtresse a dessein de faire transporter ce jeune chevalier au château, où il est probable qu'il pourra séjourner long-temps. Qu'en pensez-vous? Croyez-vous que ce projet soit sage?

— Très-sage pour le blessé, bien sûrement, Roschen, parce qu'il risquera bien moins de gagner une fièvre.

— J'en conviens, mais est-il prudent pour ma maîtresse?

— Assez prudent, si elle agit prudemment. Mais pourquoi en douterais-tu, Roschen?

— Je n'en sais rien, répondit Rose, qui ne voulait pas faire connaître, même à son père, les craintes et les soupçons qui l'agitaient; mais où il y a de mauvaises langues on peut toujours entendre de mauvais discours. Sire Damien et ma maîtresse sont tous deux bien jeunes. Il me semble, mon père, que ce que vous auriez de mieux à faire, ce serait de proposer d'emmener chez vous le chevalier blessé au lieu de le conduire au château.

— Chez moi, Roschen! s'écria le Flamand avec vivacité; je n'en ferai rien, je n'en ferai rien, si je puis l'éviter. Ni Normand, ni Anglais, ne passera le seuil de ma porte pour tourner en dérision mon commerce tranquille et me manger la laine sur le dos. Tu ne les connais pas, parce que tu es toujours avec ta maîtresse, et que tu as ses bonnes graces; mais je les connais, moi, et tout ce que je puis en attendre de mieux, c'est: — Paresseux flandrin (1)! flandrin avare! sot Flamand! Je remercie les saints de ce qu'ils ne peu-

(1) Flanderkin. — Éd.

vent plus dire —Lâche flandrin ! depuis l'affaire du Gallois Gwenwyn.

— J'avais toujours pensé, mon père, que vous aviez l'esprit trop calme pour vous inquiéter de ces viles calomnies. Songez que nous sommes sous la bannière de la dame de Garde-Douloureuse, et qu'elle est depuis plusieurs années ma bonne maîtresse. Pensez aussi que vous devez au connétable l'augmentation de vos privilèges. L'argent peut payer les dettes ; mais ce n'est que par la reconnaissance qu'on s'acquitte des bienfaits qu'on a reçus, et je vous prédis que vous n'aurez jamais une telle occasion de rendre service aux maisons de Bérenger et de De Lacy qu'en ouvrant au chevalier blessé les portes de votre maison.

— Les portes de ma maison ! qui sait si je pourrai long-temps l'appeler ma maison, et si j'en aurai jamais une autre sur la terre ? Hélas ! ma fille, nous sommes venus ici pour fuir la rage des élémens, et qui sait si nous ne serons pas exterminés par la fureur des hommes ?

—Vous parlez d'une manière bien étrange, mon père; j'ai peine à reconnaître votre sagesse ordinaire en vous entendant tirer un augure si funeste de l'entreprise téméraire d'un brigand gallois.

— Je ne pense pas au Borgne, ma fille; quoique le nombre et l'audace des bandits tels que Dawfyd n'annoncent pas un pays bien tranquille. Mais toi qui vis enfermée entre les murs d'un château, tu n'entends guère parler de ce qui se passe au-dehors, et tu en as moins d'inquiétude. Je n'avais dessein de t'en informer que dans le cas où j'aurais jugé nécessaire de partir pour un autre pays.

— Quoi, mon père! quitter le pays où vos talens et votre industrie ont formé un établissement honorable?

— Oui, et où la faim des méchans qui m'envient les fruits de cette industrie peut m'attirer une mort déshonorante. Il y a eu du tumulte parmi la canaille anglaise dans plus d'un comté, et la fureur de la populace se dirige contre notre nation, comme si nous étions des juifs ou des païens, comme si nous n'étions pas meilleurs chrétiens et plus honnêtes gens qu'eux-mêmes. A York, à Bristol, et en beaucoup d'autres endroits, on a saccagé les maisons des Flamands, pillé et détruit leurs marchandises, maltraité et assassiné leurs familles. Et pourquoi? parce que nous avons apporté parmi ce peuple les talens et l'industrie qu'il ne possédait pas, et que la richesse, que sans nous on n'aurait jamais vue en Angleterre, a récompensé nos soins et nos travaux. Roschen, ce mauvais esprit s'étend tous les jours davantage. Ici nous sommes moins en danger qu'ailleurs, parce que nous formons une colonie forte et nombreuse; mais je ne me fie pas à nos voisins, et, si tu n'avais pas été en sûreté, il y a long-temps que j'aurais tout abandonné, et que j'aurais quitté ce pays.

— Tout abandonné! quitté le pays! — Rose pouvait à peine en croire ses oreilles, car elle savait mieux que personne quels succès avaient obtenus les travaux de son père, et combien il était peu probable qu'un homme doué d'autant de fermeté que de sang-froid voulût renoncer à des avantages sûrs et actuels par crainte de quelques périls incertains et éloignés. Enfin elle lui répondit :

— Si le danger est tellement urgent, mon père, il me semble que votre maison et votre fortune ne peuvent avoir une meilleure sauve-garde que la présence de ce noble chevalier; où est l'homme qui oserait commettre quelque acte de violence contre le toit qui couvre Damien de Lacy?

— Je ne sais trop que te dire, Roschen, dit Wilkin du même ton, calme, ferme, mais mélancolique. Que le ciel me le pardonne, si c'est un péché! mais je ne vois guère que de la folie dans ces croisades que les prêtres ont prêchées avec tant de succès. Voilà le connétable de Chester qui est absent depuis près de trois ans, et nous ne savons s'il est vainqueur ou vaincu, mort ou vivant. Il est parti d'ici comme s'il avait eu dessein de ne pas débrider son cheval, et de ne pas remettre son épée dans le fourreau avant d'avoir reconquis le saint sépulcre sur les Sarrasins, et cependant nous n'avons pas encore appris avec certitude qu'on leur ait pris un seul village. Pendant que les grands seigneurs, avec la meilleure partie de leur suite, sont en Palestine, sur la terre ou dans la terre, Dieu le sait, le peuple qui est resté ici devient mécontent; il est opprimé par des intendans et des régisseurs dont le joug est plus pesant que celui des maîtres et ne se supporte pas si facilement. La populace, qui naturellement hait la noblesse, pense que le moment est favorable pour la renverser, et il se trouve même quelques personnes de sang noble qui s'en déclareraient volontiers les chefs pour avoir leur part du butin; car leurs expéditions en pays étrangers et leurs habitudes de dépense les ont appauvris, et celui qui est pauvre assassinera son père pour de l'argent. Je déteste les pauvres, et je voudrais que le diable emportât quiconque ne peut vivre du travail de ses mains.

Le Flamand conclut par cette imprécation caractéristique un discours qui donna à Rose une idée plus effrayante de l'état de l'Angleterre que celle qu'elle avait pu s'en former, renfermée comme elle l'était dans le château de Garde-Douloureuse.

— Sûrement, dit-elle, les violences dont vous parlez ne sont pas à craindre pour ceux qui vivent sous la protection des bannières de Lacy et de Bérenger?

— La maison de Bérenger n'existe plus que de nom, répondit Wilkin Flammock; et, quoique Damien soit un jeune homme plein de bravoure, il n'a pas encore l'ascendant et l'autorité du caractère de son oncle. Ses soldats se plaignent de ce qu'il les harasse de fatigues inutiles pour veiller à la sûreté d'un château imprenable, et défendu par une garnison suffisante, et que, par suite de cette vie inactive et sans gloire, ils perdent toute occasion de faire des entreprises honorables, c'est-à-dire de se battre et de se gorger de butin. Ils disent que Damien-sans-Barbe était un homme, mais que Damien-aux-Moustaches n'est plus qu'une femme, et que l'âge, en noircissant sa lèvre supérieure, a fait en même temps pâlir son courage. Ils en disent encore bien davantage, mais ce n'est pas la peine de t'en parler.

— Pour l'amour du ciel! s'écria Rose, informez-moi de tout ce qu'ils disent; il faut que je le sache, si, comme je le soupçonne, leurs propos ont quelque rapport à ma chère maîtresse.

— C'est cela même, Roschen. Il y a parmi ces Normands des hommes d'armes qui, tout en buvant ensemble, prétendent que Damien de Lacy est amoureux de la fiancée de son oncle, et même qu'ils correspondent ensemble par art magique.

— Il faut certainement que ce soit par art magique, dit Rose en souriant dédaigneusement, car ils n'ont aucuns moyens humains de correspondance secrète, comme je puis en rendre témoignage.

— Et c'est pourquoi ils imputent à l'art magique qu'aussitôt que milady a passé la porte de son château, Damien est en selle avec un détachement de cavalerie, quoiqu'ils soient positivement certains qu'il n'a reçu ni lettre, ni messager, ni aucune nouvelle, pour lui annoncer qu'elle a dessein de sortir ; et, en pareille occasion, ils n'ont pas plus tôt reconnu un défilé ou deux, qu'ils apprennent que lady Eveline est à se promener.

— Cela ne m'a pas échappé, mon père, et ma maîtresse elle-même a montré plus d'une fois du mécontentement de l'exactitude avec laquelle Damien est instruit du moindre mouvement qu'elle a dessein de faire et de la ponctualité plus qu'officieuse avec laquelle il veille sur elle quand elle sort. Cependant cette journée a prouvé que sa vigilance n'était pas inutile ; et, comme en ces occasions ils ne se sont jamais rencontrés, et que la distance à laquelle ils étaient l'un de l'autre rendait impossible toute communication entre eux, il me semble qu'ils auraient pu éviter la censure des esprits les plus soupçonneux.

— Sans doute, Roschen, mais il est possible de pousser la précaution au point d'éveiller le soupçon. Pourquoi, disent les hommes d'armes, règne-t-il des relations si fréquentes et conduites avec tant de réserve ?

Pourquoi s'approchent-ils de si près sans jamais se rencontrer ? S'ils n'étaient l'un pour l'autre que le neveu et la fiancée du connétable, ils se verraient franchement et ouvertement ; et, s'ils s'aiment secrètement, il y a lieu de croire qu'ils trouvent le moyen d'avoir des entrevues particulières, mais qu'ils ont assez d'adresse pour les cacher.

— Chaque mot que vous prononcez, mon père, achève de me prouver qu'il est de nécessité absolue que vous receviez chez vous ce jeune homme blessé. Quelque grands que soient les dangers que vous craignez, vous devez être sûr que vous ne pouvez les augmenter en lui donnant l'hospitalité chez vous, ainsi qu'à quelques-uns de ses gens.

— Non ! Pas un de ses gens, s'écria vivement le Flamand, pas un de ses mangeurs de bœuf, à l'exception de son page pour le soigner, et du docteur qui essaiera de le guérir.

— Mais je puis du moins offrir votre maison pour eux trois ?

— Comme tu voudras, fais ce que tu voudras, Roschen. Sur ma foi, il est heureux que tu mettes de la bonne foi et de la modération dans tes demandes, puisque je suis assez fou pour te les accorder si facilement ; c'est une de tes frasques d'honneur et de générosité ; mais je fais plus de cas de l'honnêteté et de la prudence. Rose, ceux qui veulent faire ce qui est mieux que bien amènent quelquefois ce qui est pire que mal. Mais je crois que j'en serai quitte pour la peur, et que ta maîtresse, qui, sauf respect, a un peu le caractère d'une damoiselle errante, réclamera vivement le privilège chevaleresque de loger son chevalier blessé dans son propre appartement, et de lui donner des soins en personne.

Ce que prévoyait Flammock se vérifia. Rose n'eut pas plus tôt proposé à sa maîtresse de laisser Damien chez son père jusqu'à sa guérison, qu'Eveline rejeta cette proposition d'un ton bref et positif.

— C'est lui qui m'a sauvée, dit-elle, et, s'il existe un seul être pour qui les portes de Garde-Douloureuse doivent s'ouvrir, c'est pour Damien de Lacy. Ne me regardez pas avec cet air de doute et de chagrin, Rose; on méprise le soupçon quand on est au-dessus du déguisement. C'est à Dieu et à Notre-Dame que je dois répondre de ma conduite, et mon cœur leur est ouvert.

Ils se rendirent en silence jusqu'à la porte du château, et, en y arrivant, lady Eveline donna ordre que son libérateur, comme elle nomma Damien, fût placé dans l'appartement qu'avait occupé son père. Alors, avec la prudence d'un âge plus avancé, elle prit toutes les mesures nécessaires pour le logement de toute la suite du chevalier blessé, et les arrangemens qu'exigeait l'augmentation qu'allait recevoir la garnison de la forteresse. Elle donna tous ces ordres avec autant de calme que de présence d'esprit, et avant même de songer à réparer le désordre de sa toilette.

Il lui restait un autre devoir à accomplir. Elle entra dans la chapelle, et, se prosternant devant l'image de la Vierge, sa divine protectrice, elle lui adressa ses remerciemens de sa seconde délivrance, et la supplia humblement de la guider, et d'obtenir de Dieu par son intercession qu'il daignât diriger et régler sa conduite.

— Vous savez, reine du ciel, dit-elle, que ce n'est

point par confiance en mes propres forces que je me suis exposée au danger. Fortifiez ce qu'il y a de plus faible en votre servante. Que ma reconnaissance et ma compassion ne deviennent pas un piège pour moi ; et, tandis que je tâche de m'acquitter d'un devoir qui m'est imposé par la gratitude, protégez-moi contre les mauvaises langues des hommes, et sauvez-moi. Oh! sauvez-moi des embûches insidieuses de mon propre cœur.

Elle dit alors son rosaire avec toute la ferveur d'une sincère dévotion, et, sortant de la chapelle, elle se retira dans sa chambre, et appela ses femmes pour changer de vêtemens et faire disparaître toutes les marques extérieures des voies de fait auxquelles on venait de se porter contre elle peu d'instans auparavant.

CHAPITRE XXVII.

JULIE. « Vous êtes dans nos fers, mais nous vous traiterons
» Avec tant de bonté qu'ici nous vous verrons
» A votre liberté préférer l'esclavage.
RODRIGUE. » Non, il faut mettre fin à tout ce babinage;
» Ici j'ai si long-temps vu vos roses fleurir
» Que je craindrais d'y voir mes lauriers se flétrir. »

Ancienne comédie.

COUVERTE de vêtemens de deuil d'une forme qui aurait mieux convenu à une femme d'un âge mûr qu'à la jeunesse, simple d'ailleurs dans sa parure jusqu'à l'excès, sans autre ornement qu'un rosaire, Eveline s'acquitta alors du devoir de rendre visite à son libérateur blessé, devoir que l'étiquette du temps non-seulement autorisait, mais même enjoignait expressément. Elle se fit accompagner par Rose et par Gillian. Margery, qui se trouvait dans son élément dans la chambre d'un malade, avait déjà été dépêchée dans celle du jeune chevalier, pour veiller à ce qu'il ne lui manquât rien.

Eveline entra avec précaution et sans bruit, comme si elle eût craint de troubler le malade. Elle s'arrêta à la porte, et jeta un coup d'œil autour de l'appartement. Cette chambre avait été celle de son père, et elle n'y était pas encore entrée depuis sa mort violente. Autour des murailles étaient suspendus son armure, ses armes, des gants pour la chasse au faucon, et d'autres instrumens de divertissemens champêtres qui semblèrent faire reparaître à ses yeux la forme majestueuse du vieux sir Raymond.

— Ne froncez pas le sourcil, mon père, dit-elle en prononçant ces paroles des lèvres, quoiqu'elles ne livrassent aucun passage à la voix; ne froncez pas le sourcil, Eveline ne sera jamais indigne de vous.

Le père Aldrovand et Amelot, page de Damien, étaient assis à côté du lit. Ils se levèrent quand lady Eveline entra; et le premier, qui se piquait de quelques connaissances dans l'art de guérir, lui dit que le chevalier avait sommeillé quelque temps, et qu'il paraissait sur le point de s'éveiller.

Amelot s'avança vers elle en même temps, et la pria précipitamment et à voix basse de donner ordre que le plus grand silence régnât dans la chambre, et d'en faire sortir tout le monde. — Mon maître, ajouta-t-il, depuis la maladie qu'il a faite à Glocester, a l'habitude de parler d'une manière assez étrange quand il s'éveille, et il me saurait mauvais gré si je permettais à quelqu'un de rester près de lui en ce moment.

Eveline ordonna aussitôt à ses femmes et au père Aldrovand de se retirer dans une chambre voisine, et restant elle-même sur le seuil de la porte qui servait de communication entre les deux appartemens, elle entendit Damien prononcer son nom, en faisant avec peine un léger mouvement sur son lit. — Est-elle en sûreté? Ne lui est-il arrivé aucun accident? demanda-t-il d'une voix faible, mais d'un ton qui indiquait que cette considération l'emportait sur toutes les autres. Lorsque Amelot lui eut répondu affirmativement, il soupira, comme si sa poitrine eût été soulagée d'un grand poids, et demanda ensuite à son page, d'une voix moins animée, où il était.

— Je ne reconnais, dit-il, ni cet appartement, ni l'ameublement que j'y vois.

— Mon cher maître, dit Amelot, votre faiblesse ne permet en ce moment ni que vous fassiez des questions, ni qu'on y réponde.

— En quelque lieu que je sois, dit Damien en recouvrant l'usage de sa mémoire, je ne suis pas où mon devoir m'appelle. Dites à mes trompettes de sonner le boute-selle, et que Ralph Genvil déploie ma bannière. A cheval! à cheval! nous n'avons pas un moment à perdre.

Le chevalier blessé fit un effort pour se lever; mais, faible comme il était, il n'était pas difficile à Amelot de le retenir. — Vous avez raison, lui dit-il, je suis bien faible; mais à quoi bon conserverait-on des forces quand on a perdu l'honneur?

Le malheureux jeune homme se couvrit le visage des deux mains, et poussa un gémissement qui semblait arraché par les souffrances de l'ame plutôt que par celles du corps. Lady Eveline s'approcha alors de son lit d'un pas peu assuré, ne sachant trop ce qu'elle craignait, mais voulant montrer l'intérêt qu'elle prenait à l'état de détresse de Damien. Le blessé leva les yeux, l'aperçut, et se cacha de nouveau la figure.

— Que signifie cette étrange affliction, sire chevalier? lui demanda-t-elle d'une voix d'abord faible et tremblante, mais qui devint peu à peu plus ferme et plus assurée. Après le vœu que vous avez fait de remplir les devoirs de la chevalerie, devez-vous regretter ainsi que le ciel se soit servi de vous deux fois, comme d'un instrument, pour sauver l'infortunée Eveline Bérenger?

— Oh! non, non, s'écria-t-il vivement; puisque vous êtes sauvée, tout va bien. Mais le temps presse, il faut que je parte sur-le-champ; je ne dois m'arrêter nulle part en ce moment, encore moins dans ce château. Encore une fois, Amelot, qu'on monte à cheval!

— Cela est impossible, chevalier. Comme étant sous votre protection, je ne puis laisser partir si subitement mon protecteur : comme votre médecin, je ne puis permettre à mon malade de se donner la mort à lui-même; vous êtes hors d'état de supporter la selle.

— Une litière, un brancard, une charrette (1) même,

---

(1) On sait que c'était honte à un chevalier d'être vu dans une charrette.

> On dit, Yvain, que quelque oubli fatal,
> Loin de mon rang sans retour me rejette;
> Que l'on me voie abjurer le cheval
> Et que quelqu'un m'aperçoive en charrette.
>
> *(La Table ronde)*.
>
> Quoi, mon ami, ne sais-tu pas encore
> Que dans ce char utile aux paysans,
> Eux exceptés, on ne voit que les gens
> Déshonorés, ou que l'on déshonore.
>
> *Ibid.*

tout est assez bon pour porter le corps d'un chevalier déshonoré. Un cercueil serait ce qui me conviendrait le mieux; mais ayez soin, Amelot, qu'il soit fait comme celui du dernier paysan ; point d'éperons sur le poêle funéraire, point d'écu portant l'ancienne devise des De Lacy; que ni heaume ni cimier n'ornent la bière de celui dont le nom est déshonoré.

— A-t-il un accès de délire ? — demanda Eveline à voix basse en regardant alternativement avec terreur le blessé et le jeune page, — où ces paroles entrecoupées couvrent-elles quelque terrible mystère? Si cela est, expliquez-le-moi, et si je puis y remédier au prix de ma vie et de toute ma fortune, mon libérateur ne souffrira aucun tort.

Amelot la regarda d'un air abattu et mélancolique, secoua la tête, et jeta un coup d'œil sur son maître avec une expression qui semblait dire que la prudence lui défendait de répondre en présence de son maître aux questions qu'elle lui faisait. Lady Eveline, comprenant ce qu'il voulait lui faire entendre, passa dans l'autre appartement, et lui fit signe de la suivre. Amelot obéit après avoir jeté un regard sur son maître, qui restait dans la même attitude, les deux mains étendues sur son visage, comme si, dans son affliction, il eût voulu écarter de ses yeux la lumière et tout ce qu'elle rendait visible.

Lorsque le page fut près d'elle, Eveline, ayant fait signe à ses femmes de se retirer à l'autre extrémité de la chambre, le questionna de nouveau sur la cause du chagrin de son maître, chagrin qui semblait aller jusqu'au remords.

— Vous savez, lui dit-elle, que c'est un devoir pour

moi de secourir votre maître, si je le puis, tant par reconnaissance des services qu'il m'a rendus, au péril de sa vie, qu'à cause de notre parenté; dites-moi donc dans quelle situation il se trouve, afin que je lui donne toute l'aide qui peut dépendre de moi, c'est-à-dire, ajouta-t-elle avec une rougeur soudaine qui dissipa un moment la pâleur de ses joues, si la cause de son affliction est telle qu'il me convienne de la connaître.

Le page lui répondit d'abord par un salut respectueux; mais il montra tant d'embarras en commençant à parler, qu'il augmenta encore la confusion de lady Eveline. Cependant elle le pressa de nouveau de s'exprimer sans scrupule et sans délai, pourvu que ce qu'il avait à lui dire ne pût l'offenser.

— Croyez-moi, noble dame, répondit Amelot, j'aurais obéi à vos ordres sans hésiter si je n'avais craint d'attirer sur moi le mécontentement de mon maître en parlant de ses affaires sans sa permission. Mais puisque vous l'exigez, et que je sais qu'il vous respecte plus que qui que ce soit sur la terre, je vous dirai que, si les blessures qu'il a reçues ne lui coûtent pas la vie, son honneur court le plus grand danger, à moins qu'il ne plaise au ciel d'y apporter remède.

— Continuez, dit Eveline, et soyez assuré que vous ne nuirez en rien à sir Damien de Lacy par la confiance que vous aurez en moi.

— J'en suis convaincu, milady, répondit le page. Sachez donc, si vous l'ignorez encore, que la canaille et les paysans qui ont pris les armes contre les nobles dans l'ouest de l'Angleterre prétendent avoir pour fauteurs de leur insurrection non-seulement Randal de Lacy, mais mon maître sir Damien.

— Ils mentent, s'écria Eveline, ceux qui osent l'accuser d'une si indigne trahison contre son propre sang et contre son souverain !

— Oui sans doute, ils mentent ; mais cela n'empêche pas qu'ils sont crus par ceux qui le connaissent moins bien. Plus d'un déserteur de notre troupe est allé joindre les révoltés, et cette circonstance donne à la calomnie une couleur de vérité. Ils disent ensuite..... ils disent que..... en un mot, ils prétendent que mon maître désire posséder en son propre droit les biens dont son oncle lui a laissé l'administration ; et que si le vieux connétable, pardon, milady, revenait de la Palestine, il trouverait quelque difficulté à se remettre en possession de ce qui lui appartient.

— Les misérables mesurent l'ame des autres sur la bassesse de la leur, et regardent comme irrésistible pour les hommes de bien les tentations auxquelles ils sentent qu'ils céderaient eux-mêmes facilement. J'ai entendu parler de leurs actes de violence ; mais je les regardais comme la suite d'un tumulte populaire momentané.

— Nous fûmes avertis la nuit dernière qu'ils s'étaient réunis en grand nombre, et qu'ils tenaient Wild Wenlock et ses gens d'armes assiégés et bloqués dans un village à dix milles d'ici. Il avait fait prier mon maître, comme son parent et son compagnon d'armes, de venir à son secours. Nous étions à cheval ce matin, et prêts à nous mettre en marche pour lui en porter, quand.....

Il s'arrêta, et parut hésiter à continuer.

— Quand vous apprîtes le danger que je courais, dit Eveline. Plût au ciel que vous eussiez plutôt appris mon trépas !

— Ah! noble dame, dit Amelot les yeux baissés, il fallait certainement une cause aussi puissante pour que mon maître fît faire halte à sa troupe, et la divisât en détachemens pour reconnaître les montagnes de ces frontières, quand le danger de son parent et les ordres du lieutenant du roi exigeaient sa présence ailleurs.

— Je le savais, s'écria Eveline ; je savais que j'étais née pour causer sa perte. Cependant il me semble que ce malheur excède tous ceux que je me figurais dans mes rêves. Je craignais d'être la cause de sa mort, mais non de devenir celle de la perte de sa réputation. Pour l'amour du ciel, jeune Amelot, montez à cheval, et cela sans aucun délai. Mettez-vous à la tête des hommes d'armes de votre maître ; joignez-y tous ceux des miens que vous pourrez rassembler promptement. Partez, brave jeune homme, partez ; déployez l'étendard de votre maître ; prouvez que son cœur est sur le champ de bataille, quoique son corps en soit absent. Mais hâtez-vous, hâtez-vous ; le temps est précieux.

— Mais la sûreté de ce château, mais votre sûreté personnelle, milady? Dieu sait que je suis prêt à tout faire pour sauver l'honneur de mon maître ; mais je le connais, et s'il vous survenait quelque accident par suite de mon départ de Garde-Douloureuse, quand même j'aurais sauvé par-là ses biens, sa vie et son honneur, je suis sûr que la seule récompense, les seuls remerciemens que je recevrais de lui, seraient à la pointe de son poignard.

— N'en partez pas moins, mon cher Amelot ; réunissez toutes les forces qui se trouvent disponibles, et partez à l'instant.

— Vous excitez un coursier qui ne demande qu'à

marcher, milady. Dans la situation où se trouve mon maître, je ne vois rien de mieux à faire que de déployer sa bannière contre les insurgés.

— Eh bien, aux armes ! aux armes ! s'écria Eveline avec vivacité ; efforcez-vous de gagner vos éperons. Apportez-moi l'assurance que l'honneur de votre maître est en sûreté, et je les attacherai moi-même. Un instant, prenez ce saint rosaire; fixez-le sur votre cimier, et que la pensée de Notre-Dame de Garde-Douloureuse, qui n'abandonne jamais ceux qui ont confiance en elle, ne vous quitte jamais à l'heure du combat.

Elle finissait à peine de parler, qu'Amelot la quitta précipitamment, et, faisant monter à cheval tous les hommes d'armes qu'il put réunir à la hâte, tant de la suite de son maître que de la garnison du château, il se vit bientôt à la tête d'une quarantaine de cavaliers dans la grande cour.

Mais quoiqu'on eût obéi sans réplique jusque-là aux ordres du page, quand les soldats apprirent qu'il s'agissait de partir pour une expédition dangereuse, sans chef plus expérimenté qu'un jeune homme de quinze ans, ils montrèrent une répugnance décidée à sortir du château. Les vieux soldats du connétable prétendaient que Damien lui-même était trop jeune pour les commander, et qu'il n'avait pas le droit de déléguer son autorité à un enfant, tandis que les anciens hommes d'armes de Bérenger disaient que leur maîtresse devait se trouver assez heureuse d'avoir échappé au danger du matin, sans vouloir en courir un autre encore plus grand en diminuant ainsi la garnison de son château. Le temps était orageux, disaient-ils, et il était prudent de conserver sur sa tête un toit de pierres.

Plus les soldats se communiquaient l'un à l'autre leurs idées et leurs craintes, plus ils se confirmaient dans la résolution de ne pas quitter le château. Quand Amelot, qui, en véritable page, était allé lui-même voir seller son cheval, revint dans la cour avec sa monture, il les trouva mêlés confusément ensemble, les uns à pied, les autres à cheval, tous parlant très-haut, et dans un désordre complet. Ralph Genvil, vétéran, dont le visage était sillonné de cicatrices, et qui avait long-temps fait le métier de soldat de fortune, était séparé des autres, tenant d'une main la bride de son cheval, et de l'autre la grande pique autour de laquelle était encore roulée la bannière de De Lacy.

— Que veut dire cela, Genvil? demanda Amelot d'un ton mécontent; pourquoi n'êtes-vous pas à cheval? pourquoi la bannière n'est-elle pas déployée? Que signifie cette confusion?

— Ma foi, sire page, répondit Genvil d'un ton fort tranquille, si je ne suis pas à cheval, c'est parce que j'ai quelque respect pour ce haillon de soie que j'ai porté si long-temps avec honneur; et je ne voudrais pas le déployer devant des gens qui ne sont disposés ni à le suivre ni à le défendre.

— Point de marche! point de sortie! point de bannière déployée! s'écrièrent les soldats par forme de refrain au discours du porte-étendard.

— Comment, lâches, osez-vous vous mutiner? s'écria Amelot en tirant son épée.

— Point de menaces, sire sans barbe, dit Genvil, et ne brandissez pas votre rapière de mon côté. Je vous dirai, Amelot, que, si mon épée se croisait avec la vôtre, vous verriez votre arme dorée et damasquinée se briser en plus de morceaux qu'un batteur en grange ne fait sauter de pailles d'avoine : il y a ici, voyez-vous, des barbes grises qui ne se soucient pas de se laisser conduire au gré de la fantaisie d'un enfant. Quant à moi, ce n'est pas cette raison qui m'arrête, car il ne m'importe guère d'être commandé par un enfant ou par un autre ; mais je suis au service des De Lacy en ce moment, et en marchant au secours de Wild Wenlock, je ne sais trop si nous ferions une chose dont De Lacy nous remercierait. Pourquoi ne nous y a-t-il pas conduits ce matin, au lieu de nous faire courir dans les montagnes ?

— Vous en connaissez la cause, dit le page.

— Sans doute, nous la connaissons, ou, si nous ne la connaissons pas, nous pouvons nous en douter, répondit le porte-étendard avec un éclat de rire qui fut répété par plusieurs de ses compagnons.

— Tu en as menti par la gorge ! s'écria Amelot en se précipitant sur Genvil l'épée à la main, sans réfléchir à la grande disproportion de leurs forces.

Genvil, pour résister à cette attaque, se contenta de parer le coup avec le manche de son étendard, et, d'un léger mouvement de son bras nerveux, repoussa le page loin de lui.

Un éclat de rire général s'ensuivit, et Amelot, voyant tous ses efforts inutiles, jeta son épée par terre, et, pleurant de colère et de dépit, retourna près de lady Eveline pour lui apprendre le peu de succès qu'il avait obtenu.

— Tout est perdu, lui dit-il ; les misérables, les lâches, se sont mutinés, et refusent de marcher. Mon pauvre maître supportera le blâme de leur désobéissance et de leur couardise.

— Il n'en sera rien, s'écria Eveline, dussé-je mourir pour l'empêcher. Suivez-moi, Amelot.

Elle jeta à la hâte une écharpe écarlate sur ses vêtemens noirs, et se rendit sur-le-champ dans la cour, suivie de Gillian et de Rose; Gillian prenait, chemin faisant, diverses attitudes exprimant la surprise et la compassion, tandis que Rose supprimait avec soin toute apparence extérieure des sentimens qui l'agitaient en secret.

Eveline entra dans la cour avec le front hardi et l'œil étincelant qui distinguaient ses ancêtres dans les dangers quand leur ame s'armait pour résister à la tempête, et qu'ils montraient dans leur regard et dans tous leurs traits l'autorité du commandement et le mépris des périls; elle semblait en ce moment au-dessus de sa taille ordinaire, et elle adressa la parole aux mutins d'une voix claire et distincte, quoique conservant son ton de douceur enchanteresse.

— Que signifie une telle conduite, mes maîtres? leur dit-elle. Et tandis qu'elle parlait ainsi, on vit les soldats se grouper et se serrer les uns contre les autres, comme si chacun d'eux eût craint d'attirer personnellement sur lui les reproches : c'était comme une troupe de lourds oiseaux aquatiques qui se pressent ensemble pour éviter l'attaque du léger et superbe émerillon, et qui, craignant sa vigueur supérieure, ne cherchent à y opposer qu'une force d'inertie. — Que signifie une telle conduite? répéta-t-elle encore. Croyez-vous que ce soit le moment de vous mutiner, quand votre chef est absent, et que son neveu, son lieutenant, est retenu sur son lit par ses blessures? Est-ce ainsi que vous êtes fidèles à vos sermens? Est-ce ainsi que vous méritez les bontés de vôtre chef? Quelle honte! Voulez-vous imiter le chien qui tremble et qui recule du moment qu'il a perdu de vue le piqueur?

Il y eut une pause. Les soldats se regardaient les uns les autres, et jetaient sur Eveline un coup d'œil à la dérobée, comme s'ils eussent eu également honte de persister dans leur mutinerie, ou de rentrer dans leur devoir.

— Je vois ce que c'est, mes braves amis : c'est un chef qui vous manque : mais que cette raison ne vous arrête pas : c'est moi qui vous en servirai. Toute femme que je suis, il n'y a pas un homme parmi vous qui doive craindre le déshonneur quand c'est le sang des Bérenger qui vous commande. Qu'on mette à l'instant une selle d'acier sur mon palefroi.

A ces mots elle mit sur sa tête le léger casque du page, lui prit son épée, et ajouta : — Je vous promets ici de vous conduire au combat, et de vous commander. Ce vieux soldat, dit-elle en montrant Genvil, suppléera à mon défaut de connaissances militaires; il a l'air d'avoir fait plus d'une campagne, et il doit être en état d'apprendre à un jeune chef les devoirs qu'il a à remplir.

— Oui, certes, répondit le vétéran en souriant en dépit de lui-même et en secouant la tête, oui, certes, j'ai fait plus d'une campagne, mais jamais sous un tel commandant.

— Et cependant, dit Eveline, voyant que tous les autres avaient les yeux fixés sur lui, vous ne devez, ne pouvez, ni ne voulez refuser de me suivre. Vous ne le devez pas, comme soldat, car ce sont les ordres de votre capitaine que ma faible voix vous fait entendre; vous ne le pouvez pas comme homme, car c'est une dame; une dame dans l'infortune et la détresse, qui vous le demande; vous ne le voulez pas comme Anglais, car c'est votre pays qui a besoin de votre glaive, et ce sont vos compagnons qui sont en danger. Déployez donc cette bannière, et en avant!

— Sur ma foi, je le ferais de tout mon cœur, belle dame, dit Genvil en faisant un mouvement comme pour déployer la bannière; et Amelot, en recevant de moi quelques instructions, pourrait nous conduire comme un autre. Mais je ne sais trop si vous nous mettez sur la bonne voie..

— Bien certainement, s'écria Eveline avec vivacité, ce doit être la bonne voie que celle qui nous conduit au secours de Wenlock et de ses gens, assiégés par les paysans insurgés.

— Je n'en sais rien, répondit Genvil en hésitant encore. Notre chef sir Damien de Lacy protège les paysans; on dit qu'il est leur ami; je sais qu'il a eu une querelle avec Wild Wenlock, parce que celui-ci s'était permis quelques libertés avec la femme du meunier de Twineford. Nous serions dans de beaux draps quand notre jeune chef se retrouvera sur ses pieds, s'il venait à apprendre que nous avons combattu contre le parti qu'il favorise.

— Soyez sûr, s'écria Eveline avec force, qu'autant il protégerait les paysans contre l'oppression, autant il voudrait les mettre à la raison quand ils oppriment les autres. A cheval! en avant! Sauvez Wenlock et sa troupe, ne perdez pas un instant; il y va de la vie et de la mort. Je vous garantis sur mon ame et mes domaines que Damien de Lacy regardera comme un service loyal tout ce que vous ferez en cette occasion. Suivez-moi donc, partons.

— A coup sûr, répondit Genvil, personne ne peut savoir mieux que vous, belle dame, quels sont les projets de sir Damien; et quant à cela, vous pouvez l'en faire changer comme bon vous semble. Ainsi donc nous allons partir, et nous aiderons Wenlock, s'il en est encore temps, comme je l'espère; car c'est un vrai sanglier, et s'il montre les dents, il découdra plus d'un limier avant qu'on sonne sa mort. Mais restez au château, belle dame, et fiez-vous à Amelot et à moi. Allons, sire, page, prenez le commandement puisqu'il le faut, quoique ce soit dommage d'ôter le casque de cette jolie tête, et l'épée de cette jolie main. Par saint George! c'est un honneur pour le métier de soldat que de les y voir.

Lady Eveline remit les armes à Amelot, et l'exhorta en peu de mots à oublier l'insulte qu'il avait reçue et à faire son devoir en brave chevalier. Cependant Genvil déploya lentement la bannière, et l'agita en l'air; puis, sans mettre le pied sur l'étrier, et s'appuyant seulement sur sa lance, il sauta en selle, pesamment armé comme il l'était.

— Nous voilà prêts maintenant, s'il plaît à votre dignité de page, dit-il à Amelot. Et tandis que celui-ci mettait la troupe en ordre, il dit tout bas au soldat qui était le plus près de lui : Il me semble qu'au lieu de cette vieille queue d'hirondelle nous devrions avoir pour bannière aujourd'hui un jupon brodé. A mon avis, il n'y a rien d'égal à un jupon à falbala. Voyez-vous, Stephen Pontoys, à présent je puis pardonner à Damien d'oublier son oncle et son propre renom pour cette fille, car, sur ma foi, j'en aurais fait autant. Au diable soient les femmes, Stephen, car elles font de nous tout ce qu'elles veulent, et à tout âge. Quand elles sont jeunes, elles nous gagnent par de belles paroles, des regards doucereux, des baisers et des gages d'amour; quand elles commencent à être sur le retour, elles nous subjuguent par des présens, des politesses, du bon vin et de l'or; et quand elles sont vieilles, nous sommes prêts à aller partout où elles veulent nous envoyer pour nous débarrasser de la vue de leur peau tannée et de leur visage ridé. Eh bien, le vieux De Lacy aurait mieux fait de rester chez lui et de veiller sur son faucon. Mais que nous importe, Stephen? Au surplus, la journée pourra être bonne, car ces paysans ont déjà pillé plus d'un château.

— Oui, oui, répondit Pontoys; le butin pour le paysan, et le paysan pour le soldat. C'est un proverbe qui a raison; mais savez-vous pourquoi ce beau page ne nous met pas encore en marche?

— C'est que sa tête n'est pas encore bien remise de l'ébranlement qu'elle a reçu quand je l'ai secoué; ou peut-être n'a-t-il pas encore avalé toutes ses larmes, car, tout jeune qu'il est, c'est un gaillard qui ne reste pas en arrière quand il y a de l'honneur à gagner. Ah! voilà qu'on se met en mouvement. N'est-ce pas une chose singulière que le sang noble, Stephen? Voilà un morveux que je viens de mettre à la raison avec le bout du doigt, et c'est lui qui va nous conduire où il y aura probablement plus d'une tête cassée, parce que tel est le bon plaisir d'une jeune fille.

— Je réponds que sir Damien est page de la jolie dame, comme cet étourneau d'Amelot l'est de sir Damien. Et nous autres pauvres diables, il faut que nous obéissions et que nous ayons la bouche close.

— Et les yeux ouverts, Stephen; n'oubliez pas cela.

Ils étaient alors sortis du château, et sur la route conduisant au village dans lequel on avait appris que Wild Wenlock était assiégé ou bloqué par un nombre supérieur de paysans insurgés. Amelot marchait en tête de la troupe, encore un peu déconcerté de l'affront qu'il avait reçu en présence des soldats, et absorbé dans ses réflexions pour savoir comment il suppléerait à ce qui lui manquait d'expérience, car il aurait rougi de faire des avances pour se réconcilier avec le porte-étendard, qui dans d'autres occasions l'avait quelquefois aidé de ses conseils. Mais Genvil, quoique grondeur par habitude, n'était pas d'humeur rancuneuse. Il s'avança vers le page, et, l'ayant salué, il lui demanda avec respect s'il ne trouverait pas à propos que deux cavaliers bien montés piquassent en avant pour voir dans quelle position se trouvait Wenlock, et s'il pourrait arriver à temps pour le secourir.

— Il me semble, porte-étendard, répondit Amelot, que vous devriez vous-même donner des ordres à la troupe, puisque vous savez si bien ce qu'il est à propos de faire. Vous devez être le plus propre à commander, puisque....... Mais je ne veux pas vous faire de reproches.

— Puisque je sais si mal obéir, répliqua Genvil; c'est là ce que vous voulez dire; et, par ma foi, je crois que vous n'avez pas tout-à-fait tort. Mais n'est-ce pas un enfantillage que de risquer de mal conduire une bonne expédition à cause d'une parole prononcée à la hâte ou d'une action inconsidérée? Allons, faisons la paix.

— De tout mon cœur, répondit Amelot, et je vais envoyer un parti avancé comme vous me le conseillez.

— Détachez Stephen Pontoys et deux lances de Chester, dit le porte-étendard ; il est rusé comme un vieux renard ; et ni la crainte du danger, ni l'espoir du butin, n'influeront de l'épaisseur d'un cheveu sur son jugement.

Amelot suivit cet avis sur-le-champ, et d'après son ordre Pontoys marcha en avant avec deux lanciers, tant pour reconnaître la route que pour prendre des renseignemens sur la situation de ceux au secours desquels ils s'avançaient.

— Et maintenant que nous voilà ensemble comme par le passé, sire page, dit le porte-étendard, apprenez-moi donc, si vous le pouvez, si cette jolie dame n'est pas un peu amoureuse de notre beau chevalier.

— C'est une infâme calomnie, s'écria Amelot avec indignation. Étant la fiancée de son oncle, je suis sûr qu'elle mourrait plutôt que d'avoir une telle pensée, et notre maître en ferait autant. C'est une croyance hérétique, Genvil ; je vous en ai déjà trouvé coupable, et je vous ai engagé à l'abjurer. Vous savez que ce prétendu amour est impossible, puisqu'à peine se sont-ils jamais vus.

— Comment le saurais-je, et comment le sauriez-vous ? On a beau surveiller, il passe sous la roue du moulin plus d'eau que le meunier n'en voit. Mais s'ils ne se voient pas, ils correspondent ensemble du moins ; vous ne pouvez le nier.

— Je le nie positivement, comme je nie tout ce qui peut compromettre leur honneur.

— Mais, au nom du ciel, comment se fait-il donc qu'il soit si bien informé de tous ses mouvemens, comme il nous en a donné la preuve pas plus tard que ce matin?

— Comment pourrais-je vous le dire, Genvil? A coup sûr il y a des saints et des anges, et s'il y a sur la terre quelqu'un qui mérite leur protection, c'est lady Eveline Bérenger.

— Bien parlé, sire Amelot le discret, dit Genvil en riant; mais cela ne peut pas prendre avec un vieux soldat. Les saints et les anges; oui, oui, il y a là dedans quelque chose de très-saint et de très-angélique, j'en réponds.

Emporté par le désir de justifier son maître, le page commençait à se courroucer, quand Stephen Pontoys revint au grand galop avec ses deux lanciers.

— Wenlock tient encore bon, s'écria-t-il, quoiqu'il soit serré de bien près par ces paysans. Les arbalètes ont fait leur devoir, et je ne doute pas qu'il ne maintienne son poste jusqu'à ce que nous arrivions, s'il vous plaît de marcher un peu plus vite. Les coquins ont attaqué les barrières; ils y touchaient il n'y a qu'un instant; mais ils ont été repoussés sans avoir obtenu beaucoup de succès.

La troupe s'avança alors aussi rapidement que le permettait la nécessité de maintenir l'ordre de la marche, et elle arriva bientôt sur une éminence au bas de laquelle était le village où Wenlock se défendait. L'air retentissait des cris et des acclamations des insurgés, qui, nombreux comme des essaims d'abeilles, et possédant cet esprit de courage obstiné qui caractérise les

Anglais, s'amassaient comme des fourmis (1) près des barrières, et cherchaient à briser les palissades ou à les escalader, en dépit des pertes que leur faisait essuyer une grêle de pierres et de traits, et surtout les épées et les haches des hommes d'armes, quand on en venait aux mains.

— Nous arrivons à temps, nous arrivons à temps, s'écria Amelot en laissant tomber les rênes de son cheval, et en battant des mains avec joie. Lève ta bannière et agite-la en l'air, Genvil, afin que Wenlock et ses compagnons puissent l'apercevoir. Halte, camarades! laissez respirer vos chevaux un moment. Écoutez-moi, Genvil; si nous descendions par ce large chemin dans la prairie où paissent ces bestiaux.....

— Bravo, mon jeune faucon! dit Genvil, dont l'ardeur belliqueuse, semblable à celle du cheval de guerre de Job, s'enflammait à la vue des lances et au son des trompettes; nous serons alors sur un excellent terrain pour faire une charge contre ces coquins.

— Comme ces mécréans forment un nuage noir et épais! dit le page; mais nous y ferons pénétrer le jour à l'aide de nos lances. Regardez, Genvil; Wenlock nous fait un signal pour nous faire savoir qu'il nous a vus.

— Un signal! s'écria le porte-étendard; de par le ciel, c'est un drapeau blanc! un signe de reddition.

— De reddition! répéta Amelot; ils ne peuvent y songer quand nous arrivons à leur secours.

Cependant le son mélancolique des trompettes des

---

(1) Ces doubles métaphores sont moins choquantes en anglais qu'en français. — Éd.

assiégés, et les acclamations tumultueuses et bruyantes comme le tonnerre des assiégeans, prouvèrent que le fait était incontestable.

— Voilà la bannière de Wenlock abaissée, dit Genvil; et toute cette canaille entre de toutes parts dans les palissades. Il y a eu ici de la trahison ou de la lâcheté; qu'allons-nous faire?

— Avancer contre eux, s'écria Amelot, reprendre le village, et délivrer les prisonniers.

— Avancer! répéta le porte-étendard; nous n'avancerons pas de la longueur d'un cheval, si vous croyez mon avis. En face d'une telle multitude, avant d'arriver au bas de la colline, nous n'aurions pas une tête de clou sur nos cuirasses qui ne fût marquée par la pointe d'une flèche; et donner ensuite un assaut à un village fortifié, avec quarante hommes! Ce serait un véritable trait de démence.

— Faites quelques pas avec moi, dit le page, peut-être trouverons-nous un chemin pour pouvoir descendre de cette colline sans qu'on nous aperçoive.

Ils s'avancèrent donc un peu pour reconnaître le terrain, et Amelot continua à insister sur la possibilité, au milieu de la confusion qui régnait, de descendre de la colline sans être aperçus.

— Sans être aperçus! s'écria Genvil avec un ton d'impatience; nous le sommes déjà. Voici un drôle qui vient à nous aussi vite que sa monture peut le porter.

A peine finissait-il de parler, qu'un cavalier arriva près d'eux. C'était un paysan de petite taille, fort épais, portant une jaquette et des pantalons de toile de Frise commune; son bonnet bleu tenait à peine sur sa tête, dont une forêt épaisse de cheveux roux semblait le repousser. Il avait les mains ensanglantées, et l'on voyait suspendu à l'arçon de sa selle un sac de toile qui était aussi taché de sang.

— N'êtes-vous pas de la compagnie de Damien de Lacy? dit ce rustre de messager.

Le porte-étendard lui répondit affirmativement, et il ajouta avec un ton de politesse grossière : — Hob Miller, meunier de Twineford, fait ses complimens à Damien de Lacy, et, sachant qu'il a dessein de mettre fin aux désordres qui se passent dans l'état, il lui envoie un échantillon de la farine qu'il vient de moudre.

Et en même temps, ouvrant son sac, il en tira une tête d'homme toute sanglante, qu'il présenta à Amelot.

— C'est la tête de Wenlock! dit Genvil; ses yeux sont encore ouverts.

— Ils ne s'ouvriront plus sur nos femmes, dit le paysan; je viens d'y mettre bon ordre.

— Toi! s'écria Amelot, reculant d'horreur et d'indignation.

— Oui, moi-même, répondit le rustre : je suis grand-justicier des communes, faute d'un meilleur.

— Grand-bourreau, veux-tu dire? répliqua Genvil.

— Tout ce que tu voudras, dit le paysan; il faut donner de bons exemples quand on est en place. Je n'ordonnerai à personne d'exécuter ce que je puis faire moi-même; il est aussi aisé de pendre un homme que de dire : Pendez-le. Nous n'aurons pas une si grande multiplicité de places dans le monde que nous arrangeons dans la vieille Angleterre.

— Misérable! s'écria Amelot, reporte ton présent à ceux qui t'ont envoyé. Si tu n'étais pas venu vers nous avec confiance, ma lance te clouerait contre la terre; mais comptez que votre cruauté recevra un châtiment exemplaire. Venez, Genvil, allons rejoindre nos gens; il est inutile que nous restions ici plus long-temps.

Le paysan, qui s'était attendu à une réception toute différente, les regarda un instant avec surprise, et, remettant dans son sac son trophée sanglant, il partit pour aller rejoindre ses compagnons.

— Voilà ce qu'on gagne à se mêler des amourettes des autres, dit Genvil. Quel besoin avait sir Damien de se quereller avec Wenlock, parce que celui-ci avait une intrigue avec la femme du meunier de Twineford? Vous voyez que c'est pour cela que ces coquins supposent qu'il est favorable à leurs desseins, et il sera fort heureux si les autres n'adoptent pas la même opinion. Je voudrais être quitte des embarras que de pareils soupçons peuvent nous occasioner, fût-ce au prix de mon meilleur cheval. Il est probable que le travail forcé de cette journée le tuera, et fasse le ciel qu'il ne nous arrive pas de plus grand malheur!

Le détachement, fatigué et mécontent, retourna au château de Garde-Douloureuse, non sans avoir perdu chemin faisant quelques soldats, des traîneurs que leurs chevaux épuisés avaient retenus en arrière, des déserteurs qui profitèrent de cette occasion pour aller joindre quelqu'une des bandes d'insurgés et de pillards qui commençaient à se former de différens côtés, et qui trouvaient des recrues dans une soldatesque effrénée.

En rentrant au château, Amelot apprit que son maître était encore dans une situation très-précaire, et que lady Eveline, quoique accablée de fatigue, n'avait pas voulu se coucher, et attendait son retour avec impatience.

Il se rendit près d'elle le cœur gonflé, et lui apprit le malheureux succès de l'expédition.

— Que les saints aient pitié de nous! dit lady Eveline; il semble qu'un fléau soit attaché à moi, et se communique à tous ceux qui me portent quelque intérêt. Du moment qu'ils s'occupent de moi, leurs vertus mêmes deviennent des pièges pour eux; et ce qui leur ferait honneur en tout autre cas est un instrument de destruction pour les amis d'Eveline Bérenger.

— Ne craignez rien, belle dame, répondit Amelot; il se trouve dans le camp de mon maître des forces suffisantes pour mettre à la raison ces perturbateurs de la tranquillité publique. Je ne resterai ici que le temps nécessaire pour prendre ses ordres, et demain matin nous travaillerons à rétablir la paix dans ces environs.

— Hélas! vous ne connaissez pas encore le plus grand de nos malheurs, dit Eveline. Depuis votre départ, nous avons appris que lorsque les soldats du camp de sir Damien eurent été informés de l'accident qui lui est arrivé ce matin, déjà mécontens de la vie inactive qu'ils menaient depuis long-temps, et découragés par le bruit qu'on faisait courir de la mort de leur chef, ils saisirent cette occasion pour se débander et se disperser. Mais prenez courage, Amelot, ce château est en état de supporter un orage plus redoutable que celui qui peut gronder sur nous; et si tous ses soldats abandonnent un chef blessé et affligé, c'est une raison de plus pour qu'Eveline Bérenger protège à son tour son libérateur.

CHAPITRE XXVIII.

> « Amis, de nos clairons que les sons menaçans
> » Ébranlent ce château jusqu'en ses fondemens. »
>
> OTWAY.

On fut obligé d'apprendre ces mauvaises nouvelles à Damien de Lacy, car c'était lui qu'elles concernaient davantage ; et lady Eveline se chargea elle-même de la tâche de les lui communiquer, interrompant ses discours par des larmes, et séchant ses larmes pour lui suggérer des motifs d'espérance et des sujets de consolation, quoique son propre cœur ne pût en admettre.

Le chevalier blessé, le visage tourné vers elle, entendit ces nouvelles désastreuses en homme qui n'en était affecté qu'en ce qu'elles pouvaient toucher celle qui les lui annonçait. Quand elle eut fini de parler, il resta comme absorbé dans une profonde rêverie, les

HISTOIRES DU TEMPS DES CROISADES. 179

yeux fixés sur elle avec tant d'attention, qu'elle se leva pour se soustraire à des regards qui l'embarrassaient. Alors il se hâta de prendre la parole, afin de l'empêcher de se retirer.

— Ce que vous venez de m'apprendre, belle dame, lui dit-il, aurait suffi pour me briser le cœur, si tout autre que vous me l'eût annoncé ; car j'y vois que l'honneur et le pouvoir de ma maison, si solennellement confiés à ma garde, ont été flétris par suite de mes infortunes. Mais quand je vois vos traits, quand j'entends votre voix, j'oublie tout, si ce n'est que vous êtes sauvée, que vous vous trouvez en sûreté ici. Permettez-moi donc de vous demander en grace de me faire transporter hors du château que vous habitez, et de me placer partout ailleurs. Je ne mérite plus que vous vous occupiez de moi sous aucun rapport, puisque je n'ai plus à ma disposition les bras des autres, et que le mien est hors d'état de vous servir en ce moment.

— Et si vous êtes assez généreux pour songer à moi au milieu de vos infortunes, noble chevalier, répondit Eveline, pouvez-vous supposer que j'oublie pour qui et en quelle occasion vous avez reçu ces blessures ? Non, Damien, ne parlez pas de quitter ce château ; tant qu'il restera une tourelle à Garde-Douloureuse, vous trouverez dans cette tourelle asile et protection. Je suis bien sûre que tel serait le bon plaisir de votre oncle, s'il était ici lui-même.

On aurait dit que les souffrances que causaient à Damien ses blessures devenaient plus aiguës en ce moment, car il tressaillit, répéta avec un mouvement convulsif les mots : — Mon oncle ! — et se détourna d'Eveline. Reprenant enfin plus de calme, il répondit : —

Hélas! si mon oncle savait combien j'ai mal exécuté ses ordres, au lieu de me recevoir dans ce château, il me ferait précipiter du haut des murs.

— Ne craignez pas son déplaisir, dit Eveline en se préparant de nouveau à se retirer ; tâchez, en calmant votre esprit, d'accélérer la guérison de vos blessures, et alors je ne doute pas que vous ne soyez en état de rétablir le bon ordre dans toute la juridiction du connétable, long-temps avant son retour.

Elle rougit en prononçant ces derniers mots, et sortit de l'appartement à la hâte. Lorsqu'elle fut rentrée dans sa chambre, elle renvoya toutes ses autres femmes, et ne garda près d'elle que Rose.

— Que pensez-vous de tout ce qui vient de se passer, ma prudente amie, ma fidèle conseillère? lui demanda-t-elle.

— Je voudrais que ce jeune chevalier ne fût jamais entré dans ce château, répondit-elle; ou, puisqu'il s'y trouve, qu'il pût en sortir sans délai, ou enfin qu'il pût y rester honorablement pour toujours.

— Que voulez-vous dire par ces mots, qu'il pût y rester honorablement pour toujours? demanda Eveline avec vivacité.

— Permettez-moi de répondre à cette question par une autre. Combien y a-t-il de temps que le connétable de Chester a quitté l'Angleterre?

— Il y aura trois ans le jour de saint Clément. Pourquoi me faire cette question?

— Je..... je ne sais trop, mais.....

— Mais quoi? Je vous ordonne de vous expliquer.

— Dans quelques semaines votre main sera à votre disposition.

— Et croyez-vous, Rose, dit Eveline en se levant avec dignité, qu'il n'existe pas d'autres obligations que celles qui ont été tracées par la plume du scribe? Nous connaissons peu les aventures du connétable en Palestine, mais ce que nous en savons suffit pour prouver qu'il est déchu de ses hautes espérances, et que son glaive et son courage n'ont pu changer la fortune du sultan Saladin. Supposez qu'il arrive dans quelque temps, comme nous avons vu arriver tant de croisés, pauvres et en mauvaise santé, supposez qu'il trouve ses domaines ravagés et ses vassaux dispersés par suite des malheurs du temps, voudriez-vous qu'il trouvât aussi que sa fiancée a épousé et enrichi de toute sa fortune le neveu en qui il avait mis toute sa confiance? Croyez-vous que l'engagement qu'il a contracté avec moi soit comme celui qu'on prend avec un lombard, dont il faut racheter à jour fixe le gage qu'on lui a donné, à peine de le perdre?

— Je n'ai rien à dire à cela, milady; mais ceux qui remplissent leurs engagemens à la lettre ne sont pas tenus à autre chose dans mon pays.

— C'est une coutume flamande, Rose; mais l'honneur d'un Normand ne peut se contenter de renfermer ses obligations dans des bornes si étroites. Quoi! voudriez-vous que mon honneur, mon affection, mon devoir, suivissent le calendrier comme l'usurier qui guette l'instant de s'approprier le gage qui n'a pas été racheté? Suis-je donc assez rabaissée pour que je doive appartenir à un homme s'il vient me réclamer avant la Saint-Clément, et à un autre si le premier laisse passer cette époque? Non, Rose, ce n'est pas ainsi que j'interprète un engagement qui a été sanctionné par la providence spéciale de Notre-Dame de Garde-Douloureuse.

— Cette manière de penser est digne de vous, ma chère maîtresse; mais vous êtes si jeune, entourée de tant de dangers, si exposée à la calomnie, que, moi du moins, je regarde l'instant qui vous donnera un compagnon et un protecteur légal comme devant vous tirer d'une situation glissante et périlleuse.

— N'y songez pas, Rose, ne comparez pas votre maîtresse à ces dames prévoyantes qui, pendant que leur mari vit encore, quoique vieux ou infirme, jettent déjà les yeux autour d'elles pour lui chercher un successeur.

— C'en est assez, ma chère maîtresse, répondit Rose. Cependant permettez-moi encore un mot. Puisque vous êtes déterminée à ne pas vous prévaloir de votre liberté, même quand l'époque qui met fin à votre engagement sera arrivée, pourquoi souffrir que ce jeune homme reste dans notre solitude ? Il n'est pas assez mal pour ne pas pouvoir être transporté dans quelque endroit aussi sûr. Reprenons notre genre de vie retiré jusqu'à ce que la Providence nous présente une perspective certaine et sans nuages.

Eveline soupira, baissa les yeux, les leva vers le ciel, et elle ouvrait déjà la bouche pour exprimer qu'elle adopterait bien volontiers un arrangement si raisonnable sans les blessures récentes de Damien et les désordres qui régnaient dans le pays, quand elle fut interrompue par un son bruyant de trompettes qui se fit entendre devant la porte du château; et Raoul, l'inquiétude peinte sur le front, vint en boitant informer sa maîtresse qu'un chevalier, accompagné d'un poursuivant d'armes portant la livrée du roi, et suivi d'un détachement nombreux de soldats, était devant le château, et demandait à y entrer au nom du roi.

— La porte du château de mes ancêtres, répondit Eveline après un moment de réflexion, ne s'ouvrira pas même au nom du roi avant que je sache quel est l'individu qui me fait cette demande, et quel en est le motif. Je vais me rendre moi-même à la porte, et je saurai pourquoi l'on me fait une telle sommation. Mon voile, Rose; et appelez mes femmes. Encore ces trompettes! hélas! elles semblent un signal de mort et de ruine!

Les craintes prophétiques d'Eveline n'étaient pas sans fondement. A peine était-elle à la porte de son appartement, qu'elle vit paraître devant elle le page de Damien avec un air de désordre et d'alarme qu'un aspirant à la chevalerie pouvait à peine se permettre de montrer en quelque occasion que ce fût.

— Milady, noble dame, s'écria-t-il avec précipitation en fléchissant un genou devant elle, sauvez mon cher maître! Vous seule, oui, vous seule pouvez le sauver en cette extrémité.

— Moi! dit Eveline avec surprise; moi le sauver! Et de quel danger? Dieu sait combien j'y suis disposée.

Tout à coup elle se tut, comme si elle eût craint de confier à ses lèvres le soin d'exprimer tout ce qu'elle pensait.

— Guy Monthermer est à la porte, milady, répondit Amelot, avec un poursuivant d'armes et la bannière royale. L'ennemi héréditaire de la maison de Lacy ne vient pas ainsi accompagné dans de bonnes intentions. Je ne sais quelle est l'étendue des malheurs que nous avons à craindre; mais son arrivée en est un sûr présage. Mon maître a tué son neveu sur le champ de bataille de Malpas, et c'est pourquoi.....

Il fut interrompu par les trompettes, dont le son, ressemblant à des accens d'impatience, retentit sous toutes les voûtes de la vieille forteresse.

Lady Eveline courut à la porte du château. Lorsqu'elle y arriva, les gardes et les sentinelles, qui se jetaient les uns aux autres des coups d'œil annonçant l'inquiétude et l'alarme, tournèrent leurs regards vers elle comme pour puiser dans ses traits la force et le courage qu'ils ne pouvaient se communiquer. Au dehors de la porte, à cheval et armé de toutes pièces, était un vieux et majestueux chevalier, dont la visière levée et la mentonnière baissée laissaient voir une barbe grise. Derrière lui était le poursuivant d'armes aussi à cheval, coiffé de sa barrette surmontée d'une triple plume, avec les armoiries royales brodées sur son tabar. Il fronçait le sourcil de mécontentement de voir son importance si long-temps méconnue. Un peu plus loin était un détachement d'environ cinquante soldats rangés sous la bannière d'Angleterre.

Lorsque Eveline parut à la barrière, le chevalier, après l'avoir saluée d'un air qui sentait le cérémonial plus que la bienveillance, lui demanda s'il voyait la fille de Raymond Bérenger.

Ayant reçu une réponse affirmative, — Et est-ce devant le château d'un serviteur favori de la maison d'Anjou, ajouta-t-il, que les trompettes du roi Henry ont sonné trois fois sans que la porte s'en ouvre pour y admettre ceux qui sont honorés des ordres de leur souverain?

— La situation dans laquelle je me trouve, répondit

Eveline, doit faire excuser mes précautions. Je suis une fille isolée, demeurant dans une forteresse placée sur les frontières : je ne puis donc y admettre personne sans savoir quelles intentions l'y amènent, et sans être assurée que sa présence dans mon château peut se concilier avec la sûreté de la place et avec mon honneur.

— Puisque vous êtes si pointilleuse, jeune dame, répliqua Monthermer, apprenez que, vu les désordres qui régnent dans ce pays, le bon plaisir du roi est de placer dans vos murs un corps d'hommes d'armes suffisant pour garder cet important château, tant contre les paysans insurgés qui mettent tout à feu et à sang dans les environs, que contre les Gallois, qui, suivant leur usage dans les temps de troubles, ne manqueront pas de faire des incursions sur les frontières. Ouvrez donc vos portes, fille de Bérenger, et permettez aux forces royales d'entrer dans votre château.

— Sire chevalier, dit Eveline, ce château appartient légalement au roi, comme toutes les autres forteresses d'Angleterre, mais je suis aussi chargée légalement de le garder et de le défendre, et c'est la condition de l'investiture que mes ancêtres ont reçue de ce domaine. J'ai une garnison suffisante pour défendre aujourd'hui ce château comme mon père et mon aïeul l'ont défendu avant moi de leur temps. Je remercie humblement le roi des secours qu'il m'envoie, mais je n'ai pas besoin de l'aide de troupes soudoyées, et je ne crois pas à propos d'admettre dans mon château des gens qui, dans ce temps de désordres, pourraient s'en rendre maîtres pour d'autres que pour la propriétaire légitime.

— Jeune dame, répliqua le vieux guerrier, le roi n'ignore pas quels sont les motifs qui vous portent à une semblable rébellion. Ce n'est pas la crainte des forces royales qui vous engage, vous vassale du roi, à lui désobéir. D'après votre refus, je pourrais vous faire proclamer sur-le-champ coupable de trahison envers la couronne ; mais le roi se souvient des services de votre père. Apprenez donc que nous savons que Damien de Lacy, accusé d'avoir excité cette insurrection et d'en être le chef, de ne pas avoir exécuté les ordres qu'il avait reçus, et d'avoir abandonné un noble camarade à la fureur et à la brutalité des paysans, a trouvé un asile sous ce toit, ce qui ne fait grand honneur ni à votre loyauté comme vassale ni à votre conduite comme demoiselle de haute naissance. Livrez-le-nous, et je prendrai sur moi de faire retirer ces hommes d'armes, et de me dispenser d'occuper votre château, quoique j'ignore si le roi le trouvera bon.

— Guy de Monthermer, répondit Eveline, quiconque ose vouloir entacher mon nom parle faussement et d'une manière indigne d'un chevalier. Quant à Damien de Lacy, il sait comment défendre sa renommée. Je vous dirai seulement que tant qu'il résidera dans le château de la fiancée de son oncle, elle ne le livrera à personne, et surtout à celui qui est connu pour être son ennemi personnel. Gardes, qu'on baisse la herse, et qu'on ne la lève pas sans mon ordre.

Tandis qu'elle parlait ainsi, la herse tomba sur la terre avec grand bruit, et Monthermer se vit, avec un dépit dont il ne fut pas maître, exclu du château de Garde Douloureuse.

— Indigne femme! s'écria-t-il avec colère ; mais il se calma sur-le-champ, et dit au poursuivant : — Vous êtes témoin qu'elle convient que le traître se trouve dans le château; vous êtes témoin qu'Eveline Bérenger refuse de le livrer, après en avoir été légalement sommée; faites donc votre devoir, sire poursuivant, suivant l'usage ordinaire en pareil cas.

Le poursuivant d'armes s'avança, et proclama, en employant le protocole d'usage, qu'Eveline Bérenger ayant été légalement sommée de recevoir les forces du roi dans son château, et de livrer un traître nommé Damien de Lacy, et s'y étant refusée, avait encouru la peine de haute trahison, peine qu'encouraient également tous les fauteurs et adhérens qui l'aideraient à se maintenir dans la forteresse contre la fidélité qu'ils devaient à Henry d'Anjou. Dès que la voix du héraut eut cessé de se faire entendre, les trompettes confirmèrent cette sentence; leurs sons lugubres firent sortir de leurs nids les hiboux et les corbeaux, qui y répondirent par leurs cris de mauvais augure.

Les défenseurs du château se regardaient les uns les autres d'un air abattu et consterné, tandis que Monthermer, levant sa lance, s'écria en faisant tourner son cheval pour s'éloigner des murailles : — Quand je reparaîtrai devant Garde - Douloureuse, ce ne sera plus pour intimer les ordres de mon souverain; ce sera pour les exécuter.

Pendant qu'Eveline regardait d'un air pensif la retraite de Guy de Monthermer et de sa troupe, et qu'elle réfléchissait sur ce qu'elle devait faire en de pareilles circonstances, elle entendit un Flamand demander à voix basse à un Anglais qui était près de lui ce que signifiait le mot *traître*.

— Celui qui trahit la confiance qu'on a eue en lui, répondit l'interprète.

Cette réponse rappela Eveline à la vision terrible qu'elle avait eue, ou le rêve qu'elle avait fait au château de Baldringham.

— Hélas! pensa-t-elle, la vengeance de la cruelle Vanda est sur le point de m'atteindre. Veuve, épouse, fille avec un mari, je suis tout cela depuis long-temps. Fiancée, c'est la pierre fondamentale de ma destinée. Me voilà dénoncée comme coupable de trahison, quoique, Dieu merci, je n'aie pas ce crime à me reprocher. Il ne me reste plus qu'à être trahie, et la fatale prophétie sera accomplie à la lettre.

CHAPITRE XXIX.

« Silence, vieux biboux ! — Rien que des chants de mort. »
SHAKSPEARE. *Richard III.*

Plus de trois mois s'étaient écoulés depuis l'événement rapporté dans le chapitre qui précède, et il n'avait été que le précurseur d'autres encore plus importans qui se développeront dans le cours de notre récit. Mais, comme nous n'avons pas la prétention de présenter à nos lecteurs un détail précis de toutes les circonstances suivant leur ordre et leur date, et que nous préférons mettre sous leurs yeux ou devant leur imagination une suite de tableaux dans lesquels nous cherchons à leur offrir les incidens les plus frappans de notre histoire, nous allons ouvrir une nouvelle scène et amener d'autres acteurs sur le théâtre.

Dans un canton dévasté, à plus de douze milles de Garde-Douloureuse, au moment de la chaleur d'été du plein midi, qui jetait un éclat brûlant sur une vallée silencieuse et sur les ruines noircies des chaumières, autrefois l'ornement de ces lieux, marchaient à pas lents deux voyageurs couverts d'un grand manteau. Leur bourdon, la coquille qui décorait leurs chapeaux rabattus, et surtout la croix en drap rouge attachée sur leurs épaules, les faisaient reconnaître pour des pèlerins récemment de retour de cette fatale contrée, d'où, sur tant de milliers d'hommes qui s'y rendaient, les uns par ferveur de dévotion, les autres par amour pour les aventures, on en voyait un si petit nombre revenir.

Ces pèlerins avaient traversé le matin une scène de dévastation semblable à celles dont ils avaient si souvent été témoins dans les guerres de Palestine, et qui n'était guère moins déplorable. Les maisons des villages avaient été incendiées, et ils rencontraient à chaque pas ce qui restait de leurs misérables habitans, des cadavres, ou plutôt des squelettes suspendus à des gibets temporaires, ou à des arbres qu'on semblait n'avoir laissés sur pied que pour les faire servir à cet usage. Ils n'avaient aperçu aucune créature vivante, si ce n'est celles qui sont étrangères à l'espèce humaine, et qui reprenaient possession silencieusement du district dévasté, dont la civilisation les avait autrefois chassées. Leurs oreilles n'étaient pas moins désagréablement occupées que leurs yeux. Les deux voyageurs pensifs entendaient à la vérité les cris des corbeaux. Ces oiseaux semblaient se plaindre de la discontinuation du carnage qui leur avait fourni une pâture si abondante, et de temps en temps se mêlaient à leurs cris les hurlemens de quelque chien qui n'avait plus ni maison ni maître ; mais aucun son n'annonçait le travail ou la proximité des hommes.

Couverts de vêtemens noirs, et fatigués d'une longue marche, à ce qu'il paraissait, les deux pèlerins traversaient cette scène de désolation en hommes que tout leur extérieur semblait en rendre de dignes habitans. Ils ne se parlaient pas, ne se regardaient pas ; mais l'un, le plus petit des deux, était toujours environ un demi-pas en avant de son compagnon. Ils marchaient lentement, comme des prêtres quittant le lit de mort d'un pécheur, ou plutôt comme des spectres se glissant sans bruit dans l'enceinte d'un cimetière.

Ils arrivèrent enfin sur une éminence couverte de gazon. C'était un de ces réceptacles funéraires destinés aux anciens chefs bretons d'un rang distingué, et qui étaient composés de fragmens de granit, placés de manière à former une espèce de cercueil en pierre. Il y avait long-temps que ce sépulcre avait été violé par les Saxons victorieux, soit par un mépris barbare, soit par une vaine curiosité, soit enfin par cupidité, parce qu'on supposait que des trésors étaient quelquefois cachés dans de tels endroits. L'énorme dalle de pierre qui avait formé autrefois le couvercle du tombeau, si on peut le nommer ainsi, était à quelque distance brisée en deux morceaux couverts de mousse, d'herbe et de lichen. Un vieux chêne, à demi desséché, et dont le tronc était couvert de gui, étendait encore ses branches sur ce mausolée grossier, comme si l'emblème des druides, fléchissant sous le poids du temps et des orages, se courbait encore pour offrir sa protection aux derniers restes de leur culte.

— Voici donc le *Kist-vaen*, dit le plus petit des deux

pèlerins, et c'est ici que nous devons attendre le retour de celui que nous avons envoyé en avant. Mais comment nous expliquera-t-il, Philippe Guarine, la dévastation dont nous venons d'être témoins ?

— Quelque incursion des loups gallois, milord, répondit Guarine; et, de par Notre-Dame, voici un pauvre mouton saxon qu'ils ont dévoré.

Le connétable de Chester, car c'était lui qui avait parlé le premier, se retourna, et vit le cadavre d'un homme presque caché sous l'herbe, de sorte qu'il avait passé à côté sans le remarquer, quoique Guarine, moins distrait par ses réflexions, l'eût aperçu. Le justaucorps de cuir du défunt annonçait un paysan anglais. Le corps était étendu la face contre terre, et son dos portait encore la flèche qui lui avait donné la mort.

Philippe Guarine, avec la froide insouciance d'un homme accoutumé à de pareilles scènes, retira la flèche du cadavre, aussi tranquillement que si c'eût été le corps d'un daim. Le connétable, avec la même indifférence, lui fit signe de la lui donner, la regarda avec une curiosité indolente, et lui dit : — Tu as oublié ton ancien métier, Guarine, puisque tu appelles ce trait une flèche galloise; je te réponds qu'elle a été décochée par l'arc d'un Normand. Mais pourquoi se trouve-t-elle dans le corps d'un paysan anglais? C'est ce que je ne puis même conjecturer.

— Quelque serf fugitif, dit l'écuyer, quelque chien de race bâtarde qui a été joindre la meute des lévriers gallois.

— Cela est possible, répondit le connétable; mais je croirais plutôt qu'il y a eu quelque guerre civile entre les seigneurs des frontières. Il est vrai que les Gallois ravagent les villages, et ne laissent derrière eux que du sang et des cendres; mais nous avons vu même des châteaux qui avaient l'air d'avoir été pris d'assaut. Puisse le ciel nous envoyer de bonnes nouvelles de Garde-Douloureuse.

— *Amen*, milord. Mais si c'est Vidal qui les apporte, ce sera la première fois qu'il aura été un oiseau de bon augure.

— Je t'ai déjà dit, Philippe, que tu es un fou dont la jalousie trouble le cerveau. Combien de fois Vidal nous a-t-il prouvé sa fidélité quand on pouvait en douter, son adresse dans les difficultés, son courage dans les dangers, sa patience dans les souffrances?

— Tout cela peut être vrai, milord; et cependant.... Mais à quoi bon parler ainsi? Je conviens qu'il vous a quelquefois rendu service; mais je ne voudrais pas que votre vie et votre honneur fussent à la merci de Renault Vidal.

— Mais, au nom de tous les saints, fou opiniâtre et soupçonneux, sur quoi peux-tu fonder tes préventions?

— Sur rien, milord; ce n'est que soupçon et aversion d'instinct. L'enfant qui aperçoit un serpent n'en connaît pas les propriétés funestes, et cependant il ne cherche pas à le poursuivre et à l'attraper comme un papillon. J'éprouve le même sentiment à l'égard de Vidal; je ne saurais qu'y faire. Je puis lui pardonner son air sombre et ses regards de travers, quand il croit que personne ne l'observe; mais son sourire ironique me rappelle l'animal féroce dont nous avons entendu parler en Judée, qui rit avant de déchirer et de dévorer.

— Philippe, je suis fâché pour toi, fâché du fond de l'ame, qu'une jalousie sans raison se soit emparée de l'esprit d'un vieux et brave soldat. Pour ne pas te rappeler des preuves plus anciennes de sa fidélité, n'a-t-il pas démontré, dans la dernière infortune que nous venons d'éprouver, qu'il était animé par une véritable affection pour nous ? Quand nous fûmes jetés par un naufrage sur la côte du pays de Galles, nous aurions été sur-le-champ dévoués à la mort, si les *Cymris* eussent reconnu en moi le connétable de Chester, et en toi le fidèle écuyer qui a été si souvent l'exécuteur de ses ordres contre les Gallois.

— J'avoue que la mort aurait été notre partage, si l'adresse de cet homme ne nous eût fait passer auprès d'eux pour de simples pèlerins, et si, en nous donnant cette qualité, il n'eût rempli les fonctions d'interprète.

— Mais, en agissant ainsi, il nous a empêchés d'obtenir de personne des renseignemens sur ce qui se passe ici, ce qu'il vous importait tant de savoir, et je dois dire que cette conduite paraît assez suspecte.

— Je te dis encore une fois que tu es un fou, Guarine. Si Vidal avait eu de mauvaises intentions contre nous, pourquoi ne nous aurait-il pas trahis en nous faisant connaître aux Gallois ? Pourquoi ne nous aurait-il pas laissés nous trahir nous-mêmes en leur faisant voir que toi et moi nous connaissions un peu leur jargon?

— Eh bien, milord, vous pouvez me réduire au silence; mais toutes ces raisons ne peuvent me satisfaire. Avec toutes les belles paroles qu'il peut dire, avec tous les beaux airs qu'il peut chanter, Vidal sera toujours à mes yeux un homme suspect, un homme dont les traits sont toujours prêts à attirer la confiance, dont la langue sait tantôt dire les choses les plus mielleuses et les plus flatteuses, tantôt parler le langage d'une honnêteté brusque et d'une franchise rusée ; dont les yeux, quand il ne se croit pas observé, démentent l'expression empruntée de ses traits, toutes ses protestations d'honneur, toutes les paroles de courtoisie et de cordialité que sa bouche prononce. Mais je ne dirai plus un mot sur ce sujet ; seulement je suis un vieux chien de bonne race ; j'aime mon maître, mais je ne puis endurer quelques-uns de ceux à qui il accorde ses bonnes graces. Ah! voilà, je crois, Vidal qui arrive pour nous donner, sur la situation des choses, tels renseignemens que bon lui semblera.

On voyait effectivement un cavalier s'avancer au grand trot vers le *Kist-vaen*, et son costume, qui avait quelque chose d'oriental, joint aux vêtemens fantastiques que portaient ordinairement les hommes de sa profession, fit connaître au connétable que le ménestrel qui venait de servir de sujet de conversation s'approchait rapidement de lui.

Hugues de Lacy ne rendait à ce serviteur que la justice qu'il croyait réellement due à ses services, quand il le justifiait des soupçons que Guarine voulait lui inspirer contre lui ; et cependant au fond du cœur il les avait quelquefois conçus lui-même. Mais, en homme juste et intègre, il se reprochait de douter d'une fidélité d'ailleurs à l'épreuve sur le simple indice d'une parole légère ou d'un regard singulier.

Lorsque Vidal fut arrivé, et qu'il eut mis pied à terre et salué son maître, le connétable se hâta de lui adresser quelques paroles pleines de bonté, comme s'il eût senti qu'il s'était presque rendu coupable de partager le jugement injuste de Guarine contre le ménestrel en écoutant seulement son écuyer.

— Sois le bienvenu, mon fidèle Vidal, lui dit-il : tu as été le corbeau qui nous a nourris dans les montagnes du pays de Galles; sois maintenant la colombe qui nous apporte de bonnes nouvelles des frontières. Tu gardes le silence? Que veulent dire ces yeux baissés, cet air d'embarras, ce bonnet enfoncé sur tes yeux? Au nom du ciel, parle donc! Ne crains rien pour moi; je puis supporter plus de malheurs que la bouche de l'homme ne peut en annoncer. Tu m'as vu dans les guerres de Palestine, quand mes braves soldats tombèrent l'un après l'autre autour de moi, et que je restai presque seul : m'as-tu vu pâlir alors? Tu m'as vu quand la quille du vaisseau fut enfoncée par les rochers, et que les vagues écumantes couvrirent le tillac : ai-je pâli en ce moment? Je ne pâlirai pas davantage aujourd'hui.

— Ne te vante pas, de peur de te lier plus que tu ne voudrais, dit le ménestrel, les yeux fixés sur le connétable, tandis que celui-ci prenait l'air et le port d'un homme qui défie la fortune et en brave le courroux.

Il s'ensuivit une pause d'environ une minute, pendant laquelle ce groupe formait un singulier tableau. N'osant faire des questions, et cependant craignant de paraître redouter les mauvaises nouvelles qui le menaçaient, le connétable regardait son messager, la taille droite, les bras croisés, et le front armé de résolution, tandis que le ménestrel, à qui l'intérêt du moment faisait oublier son apathie habituelle et systématique, attachait sur son maître un regard pénétrant, comme pour s'assurer si le courage qu'il montrait était réel ou emprunté.

D'une autre part, Philippe Guarine, d'un extérieur peu gracieux, mais à qui le ciel n'avait refusé ni le bon

sens ni le jugement, tenait toujours les yeux fixés sur
Vidal, comme s'il eût voulu pouvoir déterminer quel
était le caractère de l'intérêt profond qu'annonçaient
évidemment les regards du ménestrel ; car on n'aurait
pu dire si c'était celui d'un fidèle serviteur agité par un
sentiment de sympathie, ou celui d'un bourreau qui
tient le glaive suspendu sur sa victime, pour mieux
ajuster le coup fatal. Suivant Guarine, prévenu peut-
être contre le ménestrel, c'était ce dernier sentiment
qui dominait en lui, et il se sentait envie de lever son
bourdon pour en assommer le drôle qui semblait jouir
ainsi des souffrances prolongées de leur maître commun.

Enfin un mouvement convulsif se peignit sur le front
du connétable, et Guarine, en voyant naître un sourire
sardonique sur les lèvres de Vidal, ne put garder plus
long-temps le silence.

— Vidal, s'écria-t-il, tu es un...

— Un porteur de mauvaises nouvelles, dit Vidal en
l'interrompant, et par conséquent exposé à être mal
apprécié par les fous qui ne savent pas distinguer l'auteur du mal de celui qui l'annonce malgré lui.

— A quoi bon ce délai? dit le connétable. Tenez,
sire ménestrel, je vais vous tirer d'embarras. Eveline
m'a oublié, m'a abandonné?

Vidal ne lui répondit que par un mouvement de tête
affirmatif.

Hugues de Lacy fit quelques pas vers les fragmens de
granit qui avaient autrefois formé un tombeau, et s'efforça de vaincre la vive émotion qui l'agitait.

— Je lui pardonne, dit-il enfin, je lui pardonne.
Que dis-je? Je n'ai rien à lui pardonner. Elle n'a fait

qu'user du droit que je lui avais donné moi-même; oui, le terme de notre engagement était arrivé. Elle avait appris mes pertes, mes revers de fortune, la destruction de toutes mes espérances, et elle a profité de la première occasion que lui offrait la lettre de ses promesses pour rompre son engagement. Bien des femmes en auraient fait autant, la prudence l'exigeait peut-être; mais le nom d'une de ces femmes n'aurait pas dû être Eveline Bérenger.

Il s'appuya sur le bras de son écuyer, et reposa un instant la tête sur son épaule avec une émotion que Guarine n'avait jamais vue en lui, et tout ce qu'il put trouver de plus propre à le consoler fut de lui dire : — Prenez courage; après tout vous n'avez perdu qu'une femme.

— Mon émotion n'a rien d'égoïste, Guarine, dit le connétable, reprenant son empire sur lui-même; ce que je regrette le plus, ce n'est pas d'apprendre qu'elle ait renoncé à moi, c'est de voir qu'elle n'a pas su me rendre justice; qu'elle m'a traité comme l'usurier traite son débiteur, dont il saisit le gage à l'instant qui suit celui où le malheureux aurait pu le racheter. Croyait-elle donc que j'aurais été un créancier si rigide? que moi qui, depuis que je l'ai connue, me suis à peine jugé digne d'elle, quand j'étais riche en fortune et en renommée, j'insisterais à présent pour qu'elle partageât ma dégradation? Combien peu elle me connaissait, ou combien elle a dû supposer que mes infortunes m'avaient inspiré d'égoïsme! Mais soit, elle est perdue pour moi; puisse-t-elle être heureuse! le moment de trouble qu'elle a fait naître dans mon esprit en disparaîtra, et je penserai qu'elle a fait ce qu'en honneur, et comme son meilleur ami j'aurais dû moi-même lui conseiller de faire.

Et finissant ces mots, sa physionomie, à la grande surprise de ses deux compagnons, reprit son expression habituelle de calme et de fermeté.

— Je vous félicite, dit l'écuyer à demi-voix au ménestrel; vos mauvaises nouvelles l'ont affecté moins vivement que vous ne le supposiez sans doute.

— Hélas! répondit Vidal, j'en ai encore d'autres, et de plus fâcheuses, à annoncer.

Cette réponse fut faite d'un ton de voix équivoque, d'accord avec la singularité de ses manières, et annonçant la forte émotion d'un caractère inexplicable.

— Eveline Bérenger est donc mariée? dit le connétable; et, voyons que je devine, elle n'a pas abandonné la famille, quoiqu'elle en ait abandonné un des membres; elle est encore une De Lacy, n'est-il pas vrai? Eh bien, esprit bouché que tu es, ne me comprends-tu pas? Elle a épousé Damien de Lacy, mon neveu?

L'effort que le connétable eut évidemment besoin de faire sur lui-même pour exprimer cette supposition formait un étrange contraste avec le sourire forcé qu'on voyait sur ses lèvres pendant qu'il parlait ainsi. Tel serait le sourire avec lequel on pourrait boire à la santé d'un autre en portant à sa bouche une coupe pleine de poison.

— Non, milord, non elle n'est pas *mariée*, dit le ménestrel en appuyant sur ce dernier mot avec un accent que le connétable ne sut comment interpréter.

— Pas mariée! répéta-t-il; mais sans doute engagée, fiancée. Pourquoi non? Ses premières fiançailles ne la liaient plus; elle était libre de contracter un nouvel engagement.

— Je n'ai pas entendu dire que lady Eveline et sir Damien de Lacy fussent fiancés, dit Vidal.

Cette réponse fit perdre toute patience au connétable.

— Chien! oses-tu badiner avec moi? s'écria-t-il; prétends-tu me mettre à la torture, misérable bourreau? Explique-toi sur-le-champ, dis-moi tout, ou je t'enverrai remplir les fonctions de ménestrel chez Satan.

— Lady Eveline et sir Damien ne sont ni mariés ni fiancés, milord, répondit Vidal d'un ton calme et tranquille; ils vivent ensemble comme amans, dans la meilleure intelligence possible.

— Chien! fils de chien! tu mens! s'écria le baron courroucé en saisissant le ménestrel par la poitrine, et en le secouant de toutes ses forces. Mais, quelle que fût la vigueur du connétable, Vidal, habitué à la lutte, maintint son attitude ferme, et son corps résista aux efforts de son maître, comme son ame conserva tout son sang-froid au milieu de cet orage de courroux. — Confesse que tu as menti, ajouta le connétable en le lâchant enfin, sans que sa violence eût fait plus d'effet sur lui que tous les efforts humains n'en peuvent produire sur les pierres tremblantes des druides, qu'il est possible d'ébranler, mais non de changer de place.

— Quand un mensonge devrait me racheter la vie et même sauver celle de toute ma tribu, dit le ménestrel, je ne le prononcerais pas; mais on donne le nom de mensonge à la vérité même quand elle contrarie les passions.

— Écoutez-le, Philippe Guarine. Écoutez-le! s'écria

Hugues de Lacy en se tournant avec vivacité vers son écuyer; il me parle de ce qui fait ma honte, du déshonneur de ma maison, de la dépravation de ceux que j'ai le mieux aimés au monde; et il me parle de tout cela avec un air calme, un œil tranquille, un accent non ému. Cela est-il naturel? cela peut-il être? De Lacy est-il tombé si bas qu'un ménestrel ambulant puisse parler de son déshonneur avec le même sang-froid que si c'était un sujet ordinaire de ballade? Peut-être as-tu dessein d'en composer une? ajouta-t-il en lançant à Vidal un regard furieux.

— Cela serait possible, milord, répondit le ménestrel, si ce n'était que je serais obligé d'y constater le déshonneur de Renault Vidal, qui servait un maître n'ayant ni patience pour supporter les injures et les affronts, ni résolution pour se venger des auteurs de sa honte.

— Tu as raison, dit le connétable à la hâte, oui, tu as raison; la vengeance est tout ce qui me reste; et cependant sur qui faut-il que je l'exerce!

En parlant ainsi, il marchait à grands pas. Il s'arrêta tout à coup, garda le silence, et se tordit les mains avec la plus vive agitation.

— Je te l'avais bien dit, mes nouvelles ont enfin trouvé une partie sensible, dit Vidal à Guarine. Te souviens-tu du combat de taureaux que nous avons vu en Espagne? Mille petits dards avaient harcelé et harassé le noble animal avant que la lance du cavalier maure lui portât le dernier coup.

— Homme, diable, ou qui que tu sois, s'écria Guarine, toi qui peux contempler de sang-froid et voir avec plaisir la détresse des autres, je t'avertis de te garder de moi. Réserve tes froids sarcasmes pour une autre oreille, car si ma langue est émoussée, je porte un fer bien affilé.

— Tu m'as vu au milieu des cimeterres, répondit le ménestrel; et, quoi que tu puisses penser de moi, tu dois savoir qu'ils ne m'inspirent pas d'effroi.

Cependant il s'éloigna de l'écuyer. Dans le fait, il ne lui avait parlé ainsi que par suite de cette plénitude de cœur qui se serait soulagée par un monologue, s'il eût été seul, et qui se répandait sur l'homme le plus à portée de l'entendre, sans faire grande attention si ses sentimens étaient à l'unisson avec ceux qu'il exprimait.

Il se passa quelques minutes avant que le connétable de Chester eût repris le calme extérieur avec lequel il avait supporté tous les revers de la fortune jusqu'à ce dernier. Se tournant alors vers ses deux compagnons, il adressa de nouveau la parole au ménestrel, et ce fut avec le ton de tranquillité qui lui était habituel.

— Tu as raison, lui dit-il; ce que tu me disais il n'y a qu'un instant est juste, et je te pardonne le sarcasme qui accompagnait ton bon conseil. Parle donc, au nom du ciel! tu parleras à un homme disposé à endurer tous les maux qu'il a plu à Dieu de lui envoyer. Certes, on reconnaît un bon chevalier dans une bataille, et un vrai chrétien dans un temps de trouble et d'adversité.

Le ton dont le connétable prononça ces mots parut produire une impression nouvelle sur l'esprit de celui à qui il les adressait. Le ménestrel changea de ton sur-le-champ, et, quittant l'audace cynique qui avait semblé jusque-là se jouer des passions de son maître, ce fut avec simplicité, et avec un respect qui approchait même de la compassion, qu'il lui fit part des nouvelles qu'il avait recueillies pendant son absence ; et elles étaient assez désastreuses.

Le refus qu'avait fait lady Eveline Bérenger d'admettre dans son château Monthermer et sa troupe avait naturellement donné plus de cours que jamais à toutes les calomnies qu'on avait répandues sur elle et sur Damien, et y avait fait ajouter plus de foi. Il y avait d'ailleurs bien des gens qui, pour différentes causes, étaient intéressés à propager et à accréditer ces faux bruits. Une force considérable avait été envoyée dans ce canton pour réduire les paysans insurgés, et les chevaliers et les nobles qui y étaient arrivés dans ce dessein n'avaient pas manqué de tirer des malheureux plébéiens une vengeance plus que complète du sang noble que ceux-ci avaient répandu pendant leur triomphe momentané.

Les vassaux et les soldats du malheureux Wenlock contribuaient aussi à augmenter les préventions auxquelles on se livrait contre Damien de Lacy. Comme on leur reprochait d'avoir lâchement rendu un poste dans lequel ils pouvaient encore se défendre, ils se justifiaient en disant que les démonstrations hostiles de sa cavalerie avaient été la seule cause de leur reddition prématurée.

Ces bruits calomnieux, appuyés sur des témoignages si intéressés, se répandirent au loin dans tout le pays ; un fait était d'ailleurs incontestable. Damien avait trouvé un asile dans le château de Garde-Douloureuse, qui se défendait alors contre les armes royales : les nombreux ennemis de la maison de Lacy en étaient plus ardens, et les vassaux et les amis de cette famille se trouvaient dans la cruelle alternative de manquer de foi à leur seigneur, ou, ce qui était encore plus criminel, à leur souverain.

En ce moment de crise, on apprit que le monarque aussi sage qu'actif qui tenait alors le sceptre de l'Angleterre était en marche à la tête d'un corps de troupes considérable, tant pour presser le siège de Garde-Douloureuse que pour anéantir l'insurrection des paysans que Guy Monthermer avait presque étouffée.

Dans cet instant où les amis et les vassaux de la maison de Lacy savaient à peine quel parti prendre, Randal, parent du connétable, et son héritier présomptif après Damien, se montra tout à coup au milieu d'eux avec une commission signée par le roi, qui le chargeait de se mettre à la tête de tous les vassaux et adhérens de sa famille qui ne voudraient pas être impliqués dans la trahison supposée du représentant du connétable.

Dans les temps de troubles, on oublie les vices des hommes, pourvu qu'ils déploient de l'activité, du courage et de la prudence, qualités qui sont alors de première nécessité. L'arrivée de Randal, qui ne manquait d'aucune de ces qualités, fut regardée comme un bon augure par les partisans de sa maison. Ils se rassemblèrent à la hâte autour de lui, reçurent les troupes royales dans les forteresses qu'ils possédaient; et, pour prouver qu'ils n'avaient participé en rien aux crimes dont Damien était accusé, ils se distinguèrent sous les ordres de Randal contre les corps de paysans qui tenaient encore la campagne, ou qui se cachaient dans les montagnes et dans les défilés; ils se conduisaient avec tant de sévérité quand ils avaient obtenu quelque avantage, que, par comparaison, les troupes de Monthermer paraissaient animées par un esprit de douceur et de clémence. Enfin, déployant la bannière de son ancienne maison, et à la tête de cinq cents hommes,

Randal arriva devant le château de Garde-Douloureuse, sous les murs duquel Henry était déjà campé.

Ce château était serré de près, et ses défenseurs, criblés de blessures, fatigués par les veilles, et éprouvant toutes sortes de privations, étaient plus découragés que jamais en voyant déployée contre eux la bannière de la maison de Lacy, la seule sous laquelle ils avaient espéré qu'il pouvait leur arriver des secours.

Les prières ardentes d'Eveline, dont l'esprit courageux ne plia pas sous l'adversité, cessèrent peu à peu de faire impression sur les défenseurs de son château, et un projet de reddition fut proposé et discuté dans un conseil de guerre tumultueux, où s'étaient introduits non-seulement les officiers subalternes, mais même de simples soldats; car, dans un moment de détresse générale, tous les liens de la discipline se relâchent, et chacun se croit en liberté de parler et d'agir pour soi-même.

Au milieu de cette discussion, et à la surprise universelle, Damien de Lacy, quittant pour la première fois le lit sur lequel il avait été si long-temps retenu, arriva au milieu d'eux, faible, défait, et les joues couvertes de cette pâleur presque cadavéreuse qu'y laisse une longue maladie. Il était appuyé sur son page Amelot.

— Messieurs.... soldats..., dit-il, car je ne sais quel nom je dois vous donner, des hommes sont toujours prêts à mourir pour une dame, et des soldats méprisent la vie en comparaison de l'honneur....

— Qu'il se taise! qu'il se retire! s'écrièrent quelques soldats en l'interrompant.

— Il préférerait, dit un autre, nous voir périr de la mort des traîtres, nous qui sommes innocens, et nous voir pendus avec nos armes sur les murailles, plutôt que de se séparer de sa maîtresse.

— Paix! misérable insolent, s'écria Damien d'une voix semblable au tonnerre, ou le dernier coup que je porterai me déshonorera en tombant sur un être tel que toi. Et vous, continua-t-il en s'adressant aux autres, vous qui voulez vous dispenser des devoirs de votre profession, parce que la mort peut y mettre fin quelques années plus tôt que vous ne l'espériez; vous qui êtes effrayés comme le seraient des enfans à la vue d'une tête de mort, ne croyez pas que Damien de Lacy cherche à préserver ses jours aux dépens de ceux dont vous faites tant de cas : faites votre marché avec le roi Henry; livrez-moi à sa justice ou à sa sévérité, ou, si vous l'aimez mieux, faites tomber ma tête, et jetez-la du haut des murs du château comme une offrande propitiatoire. Je laisse à Dieu le soin de justifier, quand il le trouvera convenable, mon honneur offensé; en un mot, livrez-moi mort ou vif, ou ouvrez-moi les portes pour que j'aille me livrer moi-même. Mais, si vous êtes hommes, car je ne puis plus vous donner d'autre titre, prenez du moins des mesures et faites des conditions qui puissent garantir la sûreté de votre maîtresse, pour que vous n'emportiez pas au tombeau l'opprobre et le déshonneur avec la lâcheté.

— Il me semble que le jeune homme parle sensément et raisonnablement, dit Wilkin Flammock. Faisons-nous un mérite de le livrer au roi, et assurons par là des conditions aussi favorables que nous le pourrons pour nous et pour lady Eveline, avant que nous ayons consommé la dernière bouchée de nos provisions.

— Je me serais difficilement décidé à proposer cette

mesure, dit le père Aldrovand, qui avait récemment perdu quatre dents d'un coup de pierre lancé par une fronde; mais puisque la proposition en est faite si généreusement par le principal intéressé, je dis comme le savant scoliaste : *Volenti non fit injuria.*

— Prêtre et Flamand, s'écria le vieux porte-étendard Ralph Genvil, je vois d'où vient le vent; mais vous vous trompez si vous comptez faire de notre jeune maître, sir Damien de Lacy, un bouc émissaire pour sauver votre coquette de maîtresse. Ne froncez pas le sourcil, et ne vous emportez pas, sir Damien; si vous ne savez pas ce qu'il convient de faire pour votre sûreté, nous le savons pour vous. Soldats de De Lacy, à cheval, et deux hommes sur un, s'il le faut. Nous prendrons ce jeune entêté au milieu de nous, et le gentil écuyer Amelot sera prisonnier aussi, s'il prétend nous opposer une sotte résistance. Faisons une belle sortie contre les assiégeans; ceux qui se fraieront un chemin le sabre à la main seront hors d'affaire; ceux qui tomberont en route n'auront plus besoin de rien.

Les acclamations unanimes des soldats de De Lacy annoncèrent qu'ils approuvaient cette proposition; ceux de la maison de Bérenger se recrièrent à haute voix et avec colère. Eveline, attirée par ce tumulte, arriva à son tour dans l'assemblée, et fit d'inutiles efforts pour y rétablir le calme. Les menaces et les prières de Damien ne firent pas plus d'impression sur ses gens. Eveline et lui reçurent la même réponse.

— N'y songez-vous donc pas? disait Genvil à Damien. Parce que vous êtes amoureux, est-il raisonnable que vous sacrifiiez votre vie et la nôtre? Les vieux soldats de Raymond Bérenger parlaient à sa fille en termes plus mesurés ; mais ils n'en refusaient pas moins d'écouter ses prières, et d'obéir à ses ordres.

Wilkin Flammock s'était retiré de cette scène de tumulte, quand il avait vu la tournure que prenaient les choses. Sortant du château par une poterne, dont la clef lui avait été confiée, il se rendit, sans qu'on lui fit aucune observation, et sans qu'on cherchât à l'en empêcher, au camp des Anglais. Il y arriva facilement, et se trouva bientôt en présence du roi Henry. Ce monarque était sous son pavillon royal, avec deux de ses fils, Richard et Jean, qui portèrent ensuite tous deux la couronne d'Angleterre sous des auspices bien différens (1).

— Comment ! qui es-tu ? lui demanda le roi.

— Un honnête homme, répondit le Flamand, venant du château de Garde-Douloureuse.

— Il est possible que tu sois honnête, répliqua le souverain ; mais tu sors d'un nid de traîtres.

— Quels qu'ils soient, sire, dit Wilkin, mon dessein est de les mettre à la disposition de Votre Majesté ; car ils n'ont plus ni sagesse pour se conduire, ni courage pour se défendre, ni prudence pour se soumettre. Mais je voudrais savoir d'abord quelles conditions vous accorderez à la garnison.

— Celles que les rois accordent aux traîtres, répondit le roi d'un ton sévère : le glaive et la corde.

— Si c'est moi qui dois vous mettre en possession du château, sire, répliqua Flammock, il faut que vos conditions soient un peu moins dures ; sans quoi vos glaives

---

(1) Et qui furent surnommés, le premier Cœur-de-Lion, et le second Sans-Terre. Voyez *Ivanhoe* et *Richard en Palestine*. — Éd.

et vos cordes n'auront à travailler que sur ma pauvre carcasse, et vous serez aussi loin que jamais d'entrer dans le château de Garde-Douloureuse.

Le roi le regarda fixement : — Tu connais la loi des armes, lui dit-il. Grand prévôt, voici un traître, et voilà un arbre.

— Et voici un cou, dit l'intrépide Flamand en déboutonnant le collet de son justaucorps.

— Sur mon honneur, s'écria le prince Richard, voilà un brave et digne homme ! Si tous ses compagnons lui ressemblent, il vaudrait mieux leur envoyer un bon dîner au château, et y donner un assaut ensuite pour voir qui le mangerait, au lieu de chercher à les affamer, comme ces mendians de Français affament leurs chiens.

— Silence, Richard, lui dit son père ; votre esprit n'est pas assez mûr, et votre sang est encore trop chaud, pour que je vous prenne pour mon conseiller. Eh bien, drôle, propose-moi quelques conditions raisonnables, et je n'agirai pas à la rigueur avec toi.

— En premier lieu donc, répondit le Flamand, je demande plein et entier pardon, et assurance de la vie, des membres, du corps et des biens, pour moi Wilkin Flammock, et ma fille Rose.

— C'est un vrai Flamand, dit le prince Jean ; il pense à lui avant tout.

— Sa demande est raisonnable, dit le roi. Et ensuite ?

— Sûreté pour la vie, l'honneur et les possessions de damoiselle Eveline Berenger, répondit Wilkin.

— Comment, drôle, s'écria le roi d'un ton courroucé, est-ce à toi qu'il appartient de faire la loi à ma justice ou à ma clémence, quand il s'agit d'une noble dame normande ? Borne-toi à parler pour toi et pour tes semblables, ou plutôt livre-nous ce château sans plus de délai, et sois'sûr qu'en agissant ainsi, tu rendras plus de service à ceux qui y sont assiégés que ne pourraient le faire quelques semaines de plus d'une résistance inutile.

Le Flamand garda le silence, ne se souciant pas de rendre la place sans quelques assurances positives, et cependant à demi convaincu, d'après les dispositions dans lesquelles il avait laissé la garnison de Garde-Douloureuse, que le plus grand service qu'il pût rendre à lady Eveline était peut-être d'y introduire les troupes du roi.

— J'aime ta fidélité, drôle, lui dit le roi, dont l'œil pénétrant vit la lutte qui avait lieu dans le cœur de Flammock; mais ne porte pas trop loin l'opiniâtreté. Ne t'avons-nous pas déjà dit que nous montrerons aux coupables qui sont dans le château autant de clémence que nous le permettront les devoirs que nous avons à remplir comme roi?

— Et je vous prie, mon père, dit le prince Jean en s'approchant du roi, de permettre que ce soit moi qui prenne possession du château, et de m'accorder la tutelle ou la confiscation des biens de la dame châtelaine.

— Et je vous prie, mon père, d'accorder la demande de Jean, dit le prince Richard d'un ton de dérision. Que Votre Majesté prenne en considération que c'est la première fois qu'il montre la moindre envie d'approcher des barrières, quoique nous les ayons déjà attaquées plus de quarante fois. Mais alors les arbalètes et les mangonneaux faisaient du tapage, et il est probable qu'il n'en sera pas de même aujourd'hui.

— Paix, Richard! dit le roi; vos paroles me percent

le cœur. Jean, je vous accorde votre demande en ce qui concerne le château ; quant à cette malheureuse jeune dame, je la prends moi-même sous ma tutelle. Flamand, combien d'hommes te charges-tu de faire entrer dans le château ?

Avant que Flammock eût pu lui répondre, un écuyer s'approcha du prince Richard, et lui dit à l'oreille, mais assez haut pour être entendu de tout le monde :

— Nous avons découvert que quelque dissension intestine, ou quelque autre cause inconnue, a fait abandonner les murailles du château par la plupart de leurs défenseurs ; et si l'on y donnait un assaut en ce moment, on pourrait...

— Entends-tu cela, Jean ? s'écria Richard. Des échelles, mon frère, des échelles, et monte aux murailles. Quel plaisir j'aurais de te voir en plein air sur le dernier échelon, les genoux tremblans et les mains serrées, comme si tu avais un accès de fièvre, les pieds sur un bâton et le fossé en dessous, une demi-douzaine de piques dirigées contre ta gorge...

— Silence, Richard, par honte si ce n'est par charité, lui dit son père d'un ton de colère mêlé d'affliction. Et vous, Jean, allez vous préparer pour l'assaut.

— Aussitôt que j'aurai eu le temps de mettre mon armure, mon père, répondit Jean en se retirant à pas lents, le visage couvert d'une pâleur qui ne promettait pas beaucoup de célérité dans ses préparatifs pour le combat.

Son frère partit en riant, et dit à son écuyer : — Ne serait-ce pas une excellente plaisanterie, Albéric, si nous emportions la place avant que Jean eût quitté son pourpoint de soie pour prendre une cuirasse d'acier ?

Il sortit en courant, tandis que son père s'écriait avec une angoisse paternelle : — Hélas! il y a autant d'excès dans l'ardeur de celui-ci que dans la tiédeur de l'autre; mais cette ardeur est une faute plus pardonnable à un homme. Glocester, dit-il au célèbre comte qui portait ce nom, suivez le prince Richard, et prenez une force suffisante pour le soutenir. Si quelqu'un peut avoir quelque influence sur lui, c'est un chevalier dont le renom est si bien établi. Hélas! par quel péché ai-je mérité l'affliction de ces fatales querelles de famille?

— Sire, dit le chancelier, qui était aussi près du roi, consolez-vous en songeant que...

— Ne parlez pas de consolation à un père dont les fils sont toujours en discorde entre eux, et qui ne peuvent s'accorder que pour lui désobéir.

Ainsi parla Henry II, le monarque le plus sage et généralement parlant le plus fortuné qui ait jamais occupé le trône d'Angleterre, et dont pourtant la vie prouve d'une manière frappante combien les querelles de famille peuvent ternir le sort le plus brillant auquel il soit permis à l'humanité d'aspirer, et combien peu l'ambition satisfaite, le pouvoir agrandi, et la plus haute renommée dans la paix comme dans la guerre, peuvent fermer les blessures qu'ont ouvertes les afflictions domestiques.

L'attaque vigoureuse et soudaine de Richard, qui monta à l'assaut sans perdre un instant, à la tête d'une vingtaine de soldats qu'il prit avec lui au hasard, produisit tout l'effet d'une surprise. Ayant escaladé les murailles à l'aide d'échelles, ils ouvrirent les portes aux assaillans, et firent entrer dans le château Glocester, qui arrivait à la tête d'un fort détachement d'hommes d'armes. La garnison divisée, surprise et confuse, n'opposa presque aucune résistance ; elle aurait été passée au fil de l'épée, et le château aurait été livré au pillage si Henry n'y fût entré lui-même, et si, par son autorité et ses efforts personnels, il n'eût arrêté les excès d'une soldatesque effrénée.

Le roi se conduisit, vu le temps où il vivait et les provocations qu'il avait reçues, avec beaucoup de modération. Il se contenta de désarmer et de licencier les soldats ; il leur donna même quelque argent pour retourner chez eux, afin que le besoin ne les portât point à se former en troupes de brigands. Le officiers furent traités plus sévèrement, car la plupart furent mis en prison, en attendant que les lois eussent prononcé sur leur sort. Tel fut particulièrement le destin de Damien de Lacy. Le roi, regardant comme fondées les diverses accusations qui avaient été portées contre lui, était si courroucé, qu'il avait résolu de le faire servir d'exemple pour tous les chevaliers déloyaux. Il donna à lady Eveline Bérenger son appartement pour prison, lui laissant Rose et Alice pour la servir, mais la tenant sous bonne et sûre garde. Le bruit général était que ses domaines seraient confisqués au profit de la couronne, et qu'une bonne partie en serait donnée à Randal de Lacy pour le récompenser des services qu'il avait rendus pendant le siège. Quant à elle-même, on croyait qu'elle serait envoyée dans quelque cloître de France, où elle aurait tout le loisir de se repentir de ses folies et de sa témérité.

Le père Aldrovand fut renvoyé dans son couvent, une longue expérience ayant appris à Henry combien il était imprudent de vouloir empiéter sur les privilèges de l'Église (1). Et cependant la première fois qu'il le vit avec une cuirasse rouillée par-dessus son froc, ce ne fut pas sans peine qu'il résista au désir qu'il avait de le faire pendre sur les murailles, afin qu'il pût prêcher aux corbeaux.

Le roi eut plus d'une conférence avec Wilkin Flammock, particulièrement sur le commerce et les manufactures, et le Flamand plein de franchise était l'homme qu'il fallait pour instruire sur ce sujet un monarque doué d'intelligence.

— Je n'ai pas oublié tes bonnes intentions, brave homme, lui dit Henry, quoiqu'elles aient été prévenues par la valeur inconsidérée de mon fils Richard, qui a coûté la vie à quelques pauvres diables. Richard ne sait pas mettre son glaive dans le fourreau avant qu'il soit ensanglanté. Retourne à tes moulins avec tes compagnons; vos trahisons vous sont pardonnées, pourvu que vous ne commettiez plus de semblables offenses.

— Et nos privilèges et nos devoirs, sire? dit Flammock; Votre Majesté sait que nous sommes vassaux du seigneur de ce château, et que nous sommes obligés de le suivre à la guerre.

— Vous ne le serez plus, répondit le roi : je vous affranchis. J'établirai ici une communauté de Flamands, et tu en seras le maire, afin que tu n'aies plus à alléguer tes devoirs féodaux comme une excuse de trahison.

— De trahison, sire! dit Wilkin, qui désirait, mais qui osait à peine placer un mot en faveur de lady Eveline, à qui, en dépit d'un caractère naturellement froid,

---

(1) Allusion à l'affaire de Thomas Becket. — ÉD.

il ne pouvait s'empêcher de prendre un vif intérêt ; — je voudrais que Votre Majesté pût savoir au juste de combien de fils se composa le tissu de toute cette affaire.

— Silence, drôle! dit Henry ; mêle-toi de ton métier ; et si nous daignons entrer en conversation avec toi sur les arts mécaniques que tu exerces, ne t'avise pas de t'en prévaloir pour me parler d'autres objets.

Le Flamand se retira en silence, après avoir reçu cette mercuriale ; et le destin des malheureux prisonniers resta un secret dans le cœur du roi. Henry fixa son quartier-général au château de Garde-Douloureuse, ce poste lui paraissant convenable pour en faire partir des détachemens chargés d'éteindre les restes de la rébellion. Randal de Lacy déploya tant d'activité en cette circonstance, qu'il semblait avancer tous les jours davantage dans les bonnes graces du roi. Henry lui avait déjà fait la concession d'une partie considérable des domaines de Bérenger et de De Lacy, qu'il semblait regarder comme confisqués. Chacun considérait cette faveur croissante de Randal comme de mauvais augure pour la vie de Damien de Lacy et pour le destin de la malheureuse Eveline.

CHAPITRE XXX.

―

« Un vœu... J'ai fait un vœu; le ciel en est témoin.
» Faut-il me parjurer en face de l'Église?
» Non; quand il s'agirait du salut de Venise. »
Shakspeare. Le Marchand de Venise.

La fin du chapitre précédent contient les nouvelles que le ménestrel apprit à son malheureux maître, Hugues de Lacy. Il est vrai qu'il ne les lui raconta pas avec autant de détails que nous avons été à portée d'en mettre dans notre récit; mais il lui en dit assez pour en faire ressortir les faits généraux. Le connétable apprit donc avec douleur que son neveu chéri et sa fiancée s'étaient ligués pour le déshonorer; qu'ils avaient levé l'étendard de la rébellion contre leur souverain légitime; enfin, qu'ayant échoué dans cette entreprise criminelle, ils avaient mis dans le danger le plus imminent la vie de l'un d'eux tout au moins, et la fortune de la maison de Lacy, à moins qu'on ne trouvât quelque prompt moyen pour écarter cette ruine prochaine.

Vidal suivait le jeu de la physionomie de son maître avec le même sang-froid que le chirurgien suit les progrès de son scalpel. L'affliction était peinte sur tous les traits du connétable, une affliction profonde, mais sans cette expression de découragement et d'abattement qui l'accompagne ordinairement. On y voyait la colère et la honte; mais ces passions prenaient un caractère de noblesse, et semblaient excitées par le regret que sa fiancée et son neveu eussent manqué aux lois de la fidélité, de l'honneur et de la vertu, plutôt que par la pensée du tort et du déshonneur que leur crime pouvait lui faire à lui-même.

Le ménestrel fut si étonné de voir un tel changement dans la physionomie et dans tout l'extérieur du connétable, après l'angoisse qu'il avait paru souffrir en apprenant les premières nouvelles qu'il lui avait annoncées, qu'il recula de deux pas avec un air de surprise mêlé d'admiration, en s'écriant :

— Nous avons entendu parler de martyrs dans la Palestine; mais voici qui l'emporte sur eux!

— Pas tant de surprise, mon bon ami, lui dit le connétable avec un ton de résignation; c'est le premier coup de lance ou de massue qui perce ou qui étourdit : ceux qui le suivent se font à peine sentir.

— Songez bien, milord, dit Vidal, que tout est perdu; amour, puissance, dignités, renommée. Un chef, le plus puissant des nobles, n'est plus qu'un pauvre pèlerin.

— Voudrais-tu te faire un jeu de mes malheurs? dit Hugues de Lacy d'un ton sévère. Mais c'est ce qu'on dit de moi en arrière, et pourquoi ne souffrirais-je pas qu'on me le dise en face? Apprends donc, ménestrel, et fais-en une ballade si bon te semble, qu'Hugues de Lacy, après avoir perdu tout ce qu'il avait porté en Palestine et tout ce qu'il avait laissé dans sa patrie, n'en est pas moins maître de lui-même, et que l'adversité ne peut pas plus l'ébranler que le vent qui fait tomber les feuilles sèches du chêne n'est capable de le déraciner.

— Par la tombe de mon père, s'écria Vidal avec un transport spontané, la noblesse de cet homme l'emporte sur toutes mes résolutions! Et, se rapprochant à la hâte du connétable, il fléchit un genou devant lui, et lui saisit la main avec plus de liberté que ne le permettait ordinairement l'étiquette que maintenaient les hommes du rang d'Hugues de Lacy.

— C'est sur cette main, dit le ménestrel, sur cette noble main, que j'abjure...

Mais, avant qu'il eût pu prononcer un autre mot, le connétable, qui trouvait peut-être que cette familiarité était une insulte à sa détresse, retira sa main, dit au ménestrel de se relever, et ajouta avec un air de fierté qu'il eût à se souvenir que l'infortune n'avait pas fait d'Hugues de Lacy un personnage qui pût figurer dans une parade.

Renault Vidal se releva d'un air mécontent : — J'avais oublié, dit-il, la distance qui existe entre un ménestrel de l'Armorique et un noble baron normand. J'avais pensé qu'une même douleur ou le même élan de joie pouvaient, du moins pour un moment, renverser ces barrières artificielles qui séparent les hommes. Soit ; qu'elles continuent de subsister. Vivez dans les limites de votre rang, comme vous viviez autrefois dans un donjon flanqué de tours et entouré de fossés; et ne soyez plus troublé par la compassion d'un homme d'aussi basse naissance que moi. Moi aussi, milord, j'ai des devoirs à remplir.

— Maintenant rendons-nous à Garde-Douloureuse, dit le connétable en se tournant vers Philippe Guarine; Dieu sait que ce château mérite bien le nom qu'il porte. Là, nos yeux et nos oreilles nous apprendront jusqu'à quel point sont vraies ces nouvelles désastreuses. Descends de cheval, ménestrel, et donne-moi ton palefroi; je voudrais en avoir un pour toi, Guarine. Quant à Vidal, il est moins nécessaire qu'il me suive. C'est en homme que je ferai face à mes infortunes ou à mes ennemis; sois-en bien assuré, ménestrel, et ne prends pas un air si sombre; je n'oublierai pas mes anciens amis.

— Du moins il en existe un qui ne vous oubliera pas, milord, répondit Vidal d'un ton et avec un regard qui, suivant l'usage, pouvaient s'interpréter de plus d'une manière.

Mais, à l'instant où le connétable allait se remettre en marche, il vit paraître devant lui, sur le sentier qu'il suivait, deux personnes montées sur le même cheval, et qui, cachées par des buissons, étaient arrivées près de lui sans qu'il les aperçût. C'étaient un homme et une femme. On aurait pu prendre l'homme qui était en avant pour la famine personnifiée, telle que les yeux de nos trois pèlerins avaient pu la voir dans tous les pays dévastés qu'ils avaient parcourus. Son visage, naturellement maigre, disparaissait entre sa barbe grise et les mèches de cheveux qui lui tombaient sur le front; on n'apercevait guère que ses yeux, brillant encore de quelque éclat, et son long nez affilé. Sa jambe ressemblait à un mince fuseau dans la large et vieille botte qui la renfermait; ses bras avaient à peu près l'épaisseur d'une houssine, et les parties de son corps qui se montraient à travers les lambeaux d'une casaque de piqueur semblaient appartenir à une momie plutôt qu'à un être vivant.

La femme qui était en croupe derrière ce spectre avait aussi un air d'exténuation; car, comme elle avait naturellement de l'embonpoint, la famine n'en avait pas encore fait un objet aussi déplorable que le squelette qui était devant elle. Il est vrai que les joues de dame Gillian, car c'était elle, l'ancienne connaissance de nos lecteurs, avaient perdu la couleur rubiconde et le teint fleuri que l'art et la bonne chère avaient substitués aux roses et à la fraîcheur de la jeunesse; ses yeux n'avaient plus leur lustre agaçant; mais jusqu'à un certain point elle était encore elle-même; et les restes de son ancienne parure, avec un bas écarlate bien tiré, quoique bien usé, prouvaient que la coquetterie n'était pas encore tout-à-fait morte en elle.

Dès qu'elle aperçut les pèlerins, elle toucha Raoul du bout de sa houssine. — Commence ton nouveau métier, lui dit-elle, puisque tu n'es pas bon à en faire un autre; approche de ces braves gens; approches-en donc, et demande-leur la charité.

— Demander la charité à des mendiaus! dit Raoul, ce serait lancer un faucon sur un moineau.

— Ce sera pour nous former la main, répondit Gillian ; et, prenant un ton lamentable, elle commença sa requête.

— Que Dieu vous protège, saints hommes à qui il a fait la grace d'aller à la Terre-Sainte, et la grace encore plus grande d'en revenir. Faites, je vous prie, quelque aumône à mon pauvre vieux mari, qui est dans un état misérable, comme vous pouvez le voir, et à l'infortunée créature qui a le malheur d'être sa femme. Dieu me soit en aide !

— Silence, femme, et écoutez ce que j'ai à vous dire, répondit le connétable en mettant la main sur la bride de son cheval ; j'ai besoin en ce moment de ce cheval, et je.....

— Par le cor de saint Hubert, tu ne l'auras pourtant pas sans quelques horions ! s'écria Raoul. Dans quel monde vivons-nous, si les pèlerins détroussent les passans sur la grande route ?

— Paix, drôle ! s'écria le connétable avec hauteur. Je te dis que j'ai besoin de ton cheval en ce moment. Voici deux besans d'or, et je te le loue pour la journée ; quand je devrais ne jamais te le rendre, je crois qu'il serait bien payé.

— Mais le palefroi est une vieille connaissance, mes maîtres, dit Raoul ; et si par hasard.....

— Point de *si*, ni de *par hasard*, s'écria la dame en poussant si rudement son mari, qu'il pensa en perdre la selle. Descends de cheval bien vite, et remercie le ciel et ce digne homme du secours qui nous arrive dans l'extrémité où nous sommes réduits. Que signifie ta vieille connaissance quand nous n'avons le moyen d'acheter de provende, ni pour la bête, ni pour ses maîtres ? Ce n'est pourtant pas que nous voudrions manger de l'herbe et de l'avoine, comme le roi je ne sais qui, dont le bon père nous lisait quelquefois l'histoire pour nous endormir.

— Trêve de bavardage, dit Raoul qui venait de mettre pied à terre, et qui s'avança pour l'aider à descendre de cheval à son tour ; mais elle préféra accepter l'aide de Guarine, qui, quoique d'un âge avancé, montrait encore des restes d'une vigueur martiale.

— Grand merci de votre politesse, dit-elle à l'écuyer lorsqu'il l'eut mise à terre après l'avoir embrassée. Et je vous prie, monsieur, arrivez-vous de la Palestine ? Y avez-vous appris quelques nouvelles du connétable de Chester ?

Hugues de Lacy, qui s'occupait à détacher le coussinet placé derrière la selle, discontinua sa tâche ; et, se tournant vers elle : — Ah ! dit-il, est-ce que vous auriez quelque chose à lui dire ?

— Bien des choses, bon pèlerin, si je pouvais le rencontrer ; car toutes ses terres et toutes ses dignités vont probablement être données à son brigand de parent.

— Quoi ! à son neveu Damien ! s'écria vivement le connétable d'un ton brusque.

— Juste ciel ! vous me faites peur, monsieur, dit Gillian ; et, se tournant vers Guarine, elle ajouta : — Votre camarade est un peu vif, à ce qu'il paraît !

— C'est la faute du soleil sous lequel il a vécu si long-temps, répondit l'écuyer ; mais répondez à toutes ses questions avec vérité, et vous verrez que vous vous en trouverez bien.

Dame Gillian comprit sur-le-champ ce que cela voulait dire. — N'était-ce pas de Damien de Lacy que vous

parliez? dit-elle au connétable. Hélas! le pauvre jeune
homme! il n'y a pour lui ni terres ni dignités : il est
plus probable qu'on lui fera prendre l'air sur un gibet;
et tout cela pour rien, aussi vrai que je suis honnête
femme. — Damien! non, non; ce n'est ni Damien ni
Dameret, c'est Randal de Lacy qui triomphe; c'est lui
qui aura toutes les terres, tous les châteaux et toutes
les seigneuries du vieux bonhomme.

— Quoi! dit le connétable, avant qu'on sache si ce
vieux bonhomme est mort ou vivant? Il me semble que
cela est contraire aux lois et à la raison.

— Sans doute, répondit Gillian; mais Randal de Lacy
est venu à bout de choses plus difficiles. Il a juré au roi,
voyez-vous, qu'il a reçu des nouvelles certaines de la
mort du vieux connétable. Oui, et fiez-vous à lui; il saurait rendre la nouvelle sûre si le connétable se trouvait
à sa portée.

— En vérité! mais vous forgez des contes sur ce
noble seigneur. Allons, convenez-en, vous parlez ainsi
parce que vous n'aimez pas ce Randal de Lacy.

— Je ne l'aime pas! Et quelle raison ai-je de l'ai-
mer, s'il vous plaît? Est-ce parce qu'il a abusé de ma
simplicité pour s'introduire dans le château de Garde-
Douloureuse, ce qui lui est arrivé plus d'une fois quand
il y venait déguisé en colporteur, et que je lui contais
toutes les histoires de la famille, et comme quoi Damien et Eveline se mouraient d'amour l'un pour l'autre
sans avoir le courage de s'en dire un mot, à cause du
vieux connétable, quoiqu'il fût à plus de mille lieues.
Vous semblez mal à l'aise, mon digne homme; vous of-
frirai-je une goutte de ma bouteille? ce qu'elle contient
est un baume souverain contre les palpitations de cœur.

— Non, non! ce n'est qu'un élancement causé par une ancienne blessure. Mais ce Damien et cette Eveline, comme vous les appelez, ont sans doute fini par se mieux entendre?

— Eux! non en vérité. Pauvres innocens! Ils auraient eu besoin de l'entremise de quelque personne sage qui leur aurait donné des avis; car, voyez-vous, monsieur, si le vieux Hugues est mort, comme cela est possible, il serait plus naturel que sa fiancée et son neveu héritassent de ses biens que ce Randal, qui n'est qu'un parent éloigné et un mauvais garnement. Pouvez-vous bien croire, révérend pèlerin, qu'après m'avoir promis des montagnes d'or il me traita de vieille sorcière, et me menaça du *Cucking-Stool* (1) quand le château fut pris, et qu'il vit que je ne pouvais plus lui être utile. Oui, digne pèlerin, *sorcière* et *Cucking-Stool*, voilà ce que j'obtins de lui de mieux quand il sut que je n'avais personne pour prendre mon parti, à l'exception du vieux Raoul, qui n'est plus bon à rien. Mais, si le vieux Hugues rapporte son vieux corps de la Palestine, et qu'il soit encore la moitié aussi diable qu'il l'était quand il est parti, sainte Marie! je rendrai service à son parent près de lui.

Elle se tut enfin, et il y eut un moment de silence.

— Vous dites, s'écria enfin le connétable, que Damien de Lacy et Eveline Bérenger s'aiment, et que cependant ils n'ont à se reprocher ni faute, ni trahison, ni ingratitude envers moi....., je veux dire envers leur parent qui est en Palestine?

(1) Le *Cucking-Stool* est un *plongeon* dans un baquet plein qu'on recouvre comme un siège; mais celui ou celle qui veut s'y reposer fait la culbute dans l'eau. — Éᴅ.

— Qu'ils s'aiment, monsieur ! Oui, sur ma foi, ils s'aiment ; mais ils s'aiment comme des fous, si vous le voulez ; car ils ne se seraient probablement jamais dit un seul mot, sans un tour de ce même Randal de Lacy.

— Comment ! un tour de Randal ! quel motif pouvait-il avoir pour désirer de les aboucher ensemble ?

— Oh ! il n'avait pas dessein qu'ils s'abouchassent ; mais il avait formé un plan pour enlever lady Eveline pour lui-même, car c'est un diable incarné que ce Randal. De manière qu'il vint déguisé en marchand de faucons, et il eut l'adresse de faire sortir du château mon vieux imbécile Raoul que voilà, lady Eveline, moi, nous toutes, comme pour voir une chasse au héron. Mais il avait à l'affût une bande d'éperviers gallois, qui fondirent sur nous ; et, si Damien ne fût arrivé soudainement à notre secours, on ne saurait dire ce qui en serait résulté. Or, Damien ayant été grièvement blessé dans l'attaque, il fallut bien le transporter à Garde-Douloureuse ; mais, si ce n'eût été pour lui sauver la vie, c'est ma ferme croyance que ma maîtresse ne l'aurait jamais invité à franchir le pont-levis, quand même il l'aurait désiré.

— Femme ! s'écria le connétable, songe bien à ce que tu dis. Si tu as mal agi dans cette affaire, comme je le soupçonne d'après l'histoire que tu viens de raconter toi-même, ne compte pas te disculper par de nouveaux mensonges que te fait inventer le dépit de n'avoir pas reçu la récompense promise.

— Pèlerin, dit le vieux Raoul d'une voix tremblotante, j'ai coutume de laisser ma femme se mêler toute seule de tout ce qui est bavardage, attendu qu'il n'y a pas dans toute la chrétienté une diablesse qui ait la langue mieux pendue. Mais tu parles en homme qui semble avoir quelque intérêt dans cette affaire ; c'est pourquoi je te dirai clairement que cette femme a avoué sa propre honte en racontant ses intrigues avec ce Randal de Lacy. Cependant tout ce qu'elle a dit est vrai comme l'Évangile ; et, quand ce serait ma dernière parole, je dirais que Damien de Lacy et lady Eveline n'ont pas à se reprocher une pensée contraire à l'honneur et à la droiture ; non, pas plus que l'enfant encore à naître. Mais qu'importe ce que peuvent dire des gens comme nous, chassés, et obligés de mendier leur pain après avoir si long-temps vécu dans une maison et servi un si bon maître ? Dieu veuille avoir son ame !

— Mais n'y a-t-il pas d'autres anciens serviteurs de la maison qui peuvent rendre le même témoignage que vous ?

— Oh ! oh ! ceux sur la tête desquels Randal de Lacy fait claquer son fouet n'ont pas grande envie de jaser. Vous parlez des anciens serviteurs : les uns ont été tués pendant le siège, les autres sont morts de faim ; ceux-ci ont été congédiés, ceux-là ont disparu sans qu'on sache comment. Mais il y a encore le fabricant Flammock et sa fille Rose qui connaissent l'affaire tout aussi bien que nous.

— Quoi ! s'écria le connétable, Wilkin Flammock, le brave Flamand ! lui et sa fille Rose, un peu brusque, mais fidèle ! Je garantirais leur véracité sur ma vie. Où demeurent-ils ? que sont-ils devenus au milieu de tous ces changemens ?

— Mais, au nom du ciel, dit Gillian, qui êtes-vous,

vous qui nous faites toutes ces questions? Raoul, mon mari, nous avons parlé trop librement. Ce regard, cette voix, ont quelque chose qui les rappelle à mon souvenir.

— Eh bien! regardez-moi avec plus d'attention, dit Hugues de Lacy en repoussant en arrière le grand chapeau de pèlerin qui cachait une partie de ses traits.

— A genoux, Raoul, à genoux! s'écria dame Gillian en se jetant elle-même aux pieds du connétable. C'est lui! c'est le connétable! et j'ai eu le malheur de l'appeler vieux bonhomme!

— C'est du moins tout ce qui reste de celui qui était autrefois le connétable, dit Hugues de Lacy, et le vieux bonhomme vous pardonne volontiers la liberté que vous avez prise, en considération des bonnes nouvelles que vous lui apprenez. — Où est Flammock? où est sa fille Rose?

— Rose, répondit dame Gillian, est avec lady Eveline, qui l'a prise pour dame d'atours à ma place, quoique Rose n'ait jamais été en état d'habiller seulement une poupée de Hollande.

— Fille fidèle! dit le connétable. Et où est Flammock?

— Oh! quant à lui, il a reçu son pardon, et il est en faveur, dit Raoul; il est dans sa maison près du pont du Combat, comme on appelle l'endroit près duquel Votre Seigneurie a mis les Gallois en déroute.

— J'irai donc l'y trouver, dit le connétable, et nous verrons ensuite quel accueil le roi Henry fera à un vieux serviteur. Il faut que vous m'accompagniez tous deux.

— Milord, dit Gillian en hésitant, vous n'ignorez pas qu'on ne sait pas beaucoup de gré aux pauvres gens de se mêler des affaires des grands. J'espère que Votre Seigneurie sera en état de nous protéger si nous disons la vérité, et que vous ne me reprocherez rien du passé, vu que j'ai fait pour le mieux.

— Paix, ma femme, ou va-t'en au diable! s'écria Raoul. Est-ce le moment de penser à ta vieille carcasse, quand il s'agit de sauver ta bonne et jeune maîtresse de l'opprobre et de l'oppression? Quant à ta mauvaise langue et à tes mauvaises actions, qui ont été encore pires, Sa Seigneurie sait que c'est chez toi vieux péchés d'habitude.

— Silence, brave homme, dit le connétable; j'oublierai les fautes de ta femme, et je récompenserai ta fidélité. Quant à vous, mes fidèles amis, ajouta-t-il en se tournant vers Guarine et Vidal, lorsque De Lacy sera rentré dans ses droits, comme il n'en doute pas, son premier vœu sera de récompenser votre fidélité.

— La mienne, telle qu'elle est, a été et sera ma récompense, répondit Vidal. Je n'accepterai pas de faveur dans la prospérité de celui qui dans l'adversité m'a refusé sa main. Notre compte est encore ouvert.

— Tais-toi! tu es un fou, mais ta profession te donne des privilèges, dit Hugues de Lacy, dont les traits flétris et remarquables prenaient un caractère de beauté quand ils étaient animés par sa reconnaissance pour le ciel et par sa bienveillance pour les hommes. Nous nous retrouverons au pont du Combat, une heure avant les vêpres.

— L'intervalle est court, dit son écuyer.

— J'ai gagné une bataille en moins de temps, répondit le connétable.

— Une bataille, dit le ménestrel, dans laquelle périrent bien des gens qui se croyaient sûrs de la vie et de la victoire.

— Et c'est ainsi que mon dangereux cousin Randal verra tous ses projets ambitieux renversés, dit le connétable.

Il partit à ces mots, accompagné de Raoul et de sa femme, qui étaient remontés sur leur palefroi, tandis que le ménestrel et l'écuyer suivaient à pied, et par conséquent plus lentement.

CHAPITRE XXXI.

> « Ne craignez pas, mon bon seigneur,
> » Qu'à votre égard je sois traître et parjure,
> » Ou que j'exige à la rigueur
> » Plus que ne peut accorder la nature.
> » Flambeaux qui brillez dans les cieux,
> » Soyez témoins qu'avant que le jour vienne
> » Je prouverai quels sont les nœuds
> » Par où ma foi se rattache à la sienne. »
>
> *Ancienne ballade écossaise.*

Restés derrière leur maître, les deux serviteurs d'Hugues de Lacy marchaient sombres et silencieux, en hommes qui n'avaient ni affection ni confiance l'un pour l'autre, quoique servant le même seigneur et devant avoir les mêmes craintes et les mêmes espérances. Il est vrai que l'aversion existait principalement du côté de Guarine; car, pour Renault Vidal, rien ne pouvait lui être plus indifférent que son compagnon; mais en cette circonstance Philippe Guarine, qui ne l'aimait pas, probablement pouvait le contrarier dans l'exécution de certains plans qu'il avait fort à cœur. En apparence Vidal faisait peu d'attention à lui, et chantait à demi-voix, comme pour exercer sa mémoire, des ballades et des romances composées pour la plupart en langues inconnues à Guarine, qui n'avait d'oreilles que pour la sienne, le normand.

Ils avaient marché environ deux heures dans cette humeur peu sociale, quand ils furent joints par un homme à cheval, conduisant un palefroi en laisse.

— Pèlerins, leur dit-il après les avoir examinés avec quelque attention, lequel de vous se nomme Philippe Guarine?

— C'est moi qui réponds à ce nom, faute d'un meilleur, répliqua l'écuyer.

— En ce cas, votre maître vous fait ses complimens, et il m'a dit de vous montrer ceci pour preuve que je viens réellement de sa part.

A ces mots il lui montra un rosaire que Philippe Guarine reconnut sur-le-champ pour celui dont se servait le connétable.

— Je vois que vous parlez vrai, dit l'écuyer. Quels sont les ordres de mon maître?

— Il m'a chargé de vous dire que sa visite a eu le meilleur résultat possible, et que ce soir même, au coucher du soleil, il sera en possession de ce qui lui appartient. Il vous ordonne de monter sur ce palefroi, et de m'accompagner au château de Garde-Douloureuse, où votre présence sera nécessaire.

— Fort bien, je lui obéirai, répondit l'écuyer, charmé

de cette bonne nouvelle, et nullement fâché de quitter son compagnon de voyage.

— Et quels ordres avez-vous pour moi? demanda le ménestrel en s'adressant au messager.

— Si, comme je le présume, vous êtes le ménestrel Renault Vidal, vous irez attendre votre maître au pont du Combat, comme il vous l'a ordonné.

—Je m'y trouverai, comme c'est mon devoir, répondit Vidal; et à peine avait-il prononcé ces mots que les deux cavaliers, lui tournant le dos, partirent au grand galop, et furent bientôt hors de vue.

Il était alors quatre heures du soir, et le soleil commençait à descendre. Cependant il y avait encore plus de trois heures à s'écouler jusqu'au moment fixé pour le rendez-vous, et le pont n'était pas à plus de quatre milles de distance. Vidal donc, soit pour se reposer, soit pour se livrer à ses réflexions, se détourna du chemin, et entra dans un petit bois situé sur sa gauche, que traversait un ruisseau dont les eaux sortaient d'une petite source qu'on entendait bouillonner à travers les arbres. Là le voyageur s'assit, et, avec un air distrait qui semblait annoncer qu'il ne songeait pas à ce qu'il faisait, il resta plus d'une demi-heure les yeux fixés sur le cristal de la fontaine, dans une attitude qui, du temps du paganisme, aurait pu le faire passer pour le dieu d'une rivière penché sur son urne.

Enfin il parut sortir de cet état de profonde rêverie, se redressa, et tira de sa valise de pèlerin quelque nourriture grossière, comme s'il se fût souvenu tout à coup que la vie ne peut se soutenir sans alimens; mais il avait probablement au fond du cœur quelque chose qui lui ôtait l'appétit ou qui lui fermait le gosier; car, après

un vain effort pour avaler un morceau de pain, il le jeta
loin de lui avec un air de dégoût, et porta à ses lèvres
un petit flacon de cuir dans lequel il avait du vin ou
quelque autre liqueur; mais ce breuvage ne parut pas
lui plaire davantage; il jeta le flacon comme il avait
jeté le pain, et, se penchant sur la source, il y but à
longs traits, s'y rafraîchit les mains et le visage, et, se
relevant plus dispos en apparence, il se remit lentement
en marche, chantant, chemin faisant, d'une voix basse
et mélancolique, quelques fragmens d'anciennes ballades dans une langue également ancienne.

Voyageant ainsi d'un air sombre, il arriva enfin près
du pont du Combat, à peu de distance duquel s'élevait
avec tout l'orgueil de ses vieux créneaux le château de
Garde-Douloureuse.

— C'est ici, dit-il, c'est donc ici que je dois attendre
le fier de Lacy. Soit! Au nom de Dieu, il me connaîtra
mieux avant que nous nous séparions!

A ces mots, il traversa le pont en allongeant le pas et
avec un air de résolution, et, montant sur une hauteur
située sur l'autre rive, à quelque distance, il regarda
quelque temps la scène que lui présentaient les environs: la noble rivière, riche des teintes pourpres du
couchant qu'elle réfléchissait; les arbres dont le feuillage d'automne inspirait la mélancolie; les tours et les
murailles sombres du vieux château, d'où partait de
temps en temps un éclair de lumière lorsque les armes
de quelque sentinelle étaient frappées par un rayon
passager de l'astre qu'elles répercutaient.

Les traits du ménestrel, qui avaient été jusqu'alors
sombres et troublés, prirent un air plus calme tandis
qu'il contemplait cette scène paisible et tranquille. Il

entr'ouvrit son manteau de pèlerin, et en laissa retomber les longs plis, sous lesquels paraissait son tabar de ménestrel; il prit sa rote, espèce de petit violon dont on jouait par le moyen d'une roue, et tantôt il en tirait un air gallois, tantôt il chantait un lai dont nous ne pouvons offrir que quelques fragmens littéralement traduits de l'ancien langage dans lequel ils avaient été composés; mais nous préviendrons d'abord nos lecteurs qu'ils sont dans ce genre de poésie symbolique que Taliessin, Llewarch Hen, et d'autres bardes, avaient peut-être emprunté au temps des druides.

Qui donc brisa cette corde fidèle ?
Dis-je à ma harpe. Hélas ! répondit-elle,
Les ennemis perfides et méchans
Qui se sont crus insultés par mes chants.
Lame d'argent facilement se plie,
Lame d'acier résiste à la main ennemie.
La bonté passe en peu d'instans;
Mais la vengeance est au-dessus du temps.

De l'hydromel le goût si délectable
Porte au palais un parfum peu durable ;
L'amère absinthe, avec son suc cruel,
Laisse long-temps sur nos lèvres son fiel.
Le doux agneau marche à la boucherie,
Le loup dévaste au loin le bois et la prairie.
La bonté passe en peu d'instans;
Mais la vengeance est au-dessus du temps.

Le fer rougi, battu sur une enclume,
L'humble tison qu'un feu plus lent consume,
Brillent tous deux, mais non du même éclat.
Pourquoi cela ? dis-je au fer que l'on bat.
— C'est que ma mère est une mine obscure,
Et le tison, dit-il, naquit sur la verdure.
La bonté passe en peu d'instans :
Mais la vengeance est au-dessus du temps

Sais-tu pourquoi ce chêne à beau branchage,
Comme le cerf, n'a qu'un bois sans feuillage?
Un ver, rongeant sa racine en secret,
De l'arbre auguste a prononcé l'arrêt.
Pour se venger d'un châtiment frivole,
L'enfant ouvre au voleur la porte de l'école.
   La bonté passe en peu d'instans ;
Mais la vengeance est au-dessus du temps.

Quoique opposant leurs voiles à sa rage,
Sous l'ouragan les vaisseaux font naufrage :
Quoique leurs tours s'élèvent jusqu'aux cieux,
La foudre abat les temples orgueilleux ;
Et le vainqueur au sein de la victoire,
Sous un faible ennemi succombe avec sa gloire.
   La bonté passe en peu d'instans ;
Mais la vengeance est au-dessus du temps.

Il chanta encore d'autres strophes également bizarres, mais qui avaient toujours quelque rapport direct ou éloigné au refrain de chaque stance, de sorte que la poésie de ce lai ressemblait à ces morceaux de musique où, après chaque variation, on retombe dans la simple mélodie à laquelle on a voulu ajouter des ornemens.

Tandis qu'il chantait ainsi, le ménestrel tenait ses regards fixés sur le pont et sur les objets avoisinans ; mais lorsque ayant fini son chant il leva les yeux sur les tours de Garde-Douloureuse, il vit que les portes en étaient ouvertes, et que la garnison du château se déployait hors des barrières, comme partant pour quelque expédition, ou se rendant à la rencontre de quelque noble personnage. En même temps, jetant un coup d'œil autour de lui, il remarqua que les environs, si solitaires quand il s'était assis sur la pierre grise où il était encore, commençaient à se remplir d'une foule considérable.

Pendant qu'il était enfoncé dans sa rêverie, un grand nombre de personnes des deux sexes et de tout âge s'étaient assemblées sur les deux rives de la rivière, les unes solitaires, les autres formant des groupes; et chacun y restait comme s'il eût attendu quelque spectacle. Il remarquait aussi un mouvement extraordinaire près des moulins des Flamands, qui, quoique à une plus grande distance, étaient cependant à portée de sa vue. Il semblait qu'on s'y formait en ordre de marche; et effectivement une troupe nombreuse se mit bientôt en mouvement, et s'avança en bon ordre, au son des flûtes, des tambours et d'autres instrumens, vers l'endroit où Vidal était assis.

Il paraissait pourtant que l'affaire dont il s'agissait était de nature pacifique; car après les musiciens on voyait marcher, trois de front, les vieillards de ce petit établissement, appuyés sur leurs bâtons et réglant, par leur pas lent et tranquille, la marche de tout le cortège. Après ces pères de la colonie venait Wilkin Flammock, monté sur son grand cheval de guerre, et armé de toutes pièces, mais la tête nue, comme un vassal prêt à rendre hommage militaire à son seigneur. Il était suivi de trente hommes, l'élite de l'établissement, rangés en ordre de bataille, bien armés, bien équipés, dont les membres vigoureux, aussi-bien que leurs armes étincelantes, annonçaient la force et la discipline, quoiqu'ils n'eussent ni le regard de feu du soldat français, ni l'air de résolution obstinée qui caractérisait les Anglais, ni l'œil brillant de cette impétuosité sauvage qui distinguait alors les Gallois. Les mères et les filles nubiles marchaient ensuite, suivies des enfans des deux sexes, au teint vermeil, et imitant le pas grave de leurs parens.

Enfin le cortège se terminait par une sorte d'arrière-garde composée des jeunes gens de quatorze à vingt ans, armés de lances légères, d'arcs, et d'autres armes semblables convenant à leur âge.

Les hommes de ce cortège tournèrent la base de la hauteur sur laquelle le ménestrel était assis, traversèrent le pont du même pas lent et régulier, et se formèrent ensuite en double ligne, ayant le visage tourné les uns vers les autres, comme pour recevoir quelque homme d'importance, ou assister à quelque cérémonie. Flammock resta à l'extrémité de l'avenue que formaient ainsi ses concitoyens, et, avec une activité qui ne lui faisait rien perdre de son air de tranquillité ordinaire, il s'occupait à faire les arrangemens et les préparatifs convenables.

Cependant des habitans de tous les environs, paraissant uniquement attirés par la curiosité, commençaient à arriver, et formaient un rassemblement près de la tête du pont qui faisait face au château. Deux paysans anglais passèrent près de la pierre sur laquelle Vidal était assis, et l'un d'eux lui dit en jetant une pièce d'argent dans son chapeau :

— Nous chanteras-tu une chanson, ménestrel? Voici un teston pour toi.

— J'ai fait un vœu, répondit Vidal, et je ne puis pratiquer la gaie science quant à présent.

— Ou tu es trop fier pour chanter pour des paysans anglais, dit le plus âgé, car tu as l'accent normand.

— N'importe, ajouta le plus jeune, garde l'argent. Je donne au pèlerin ce que le ménestrel ne veut pas gagner.

— Réservez votre générosité pour d'autres, mon

bon ami, répondit Vidal ; je n'en ai pas besoin ; si vous voulez me faire plaisir, dites-moi plutôt quel motif rassemble ici tant de monde.

— Quoi ! ne savez-vous pas que nous avons retrouvé notre connétable De Lacy, et qu'il va accorder à ces tisserands flamands une investiture solennelle de tout ce que leur a donné Henry d'Anjou ? Si Édouard-le-Confesseur vivait encore pour donner à ces coquins des Pays-Bas ce qu'ils méritent, nous les verrions danser aux branches de ces arbres. Mais allons, voisin, marchons, ou nous arriverons trop tard.

Et à ces mots ils descendirent de la montagne.

Vidal porta alors ses regards sur la porte du château, et, quoiqu'il en fût assez éloigné et qu'il ne pût rien voir qu'imparfaitement à cette distance, la vue des bannières déployées et des hommes d'armes à cheval lui apprit que quelque personnage important allait en sortir à la tête d'un nombreux cortège militaire. Le son des trompettes, qui arrivait faible encore, mais distinct, à ses oreilles, semblait confirmer cette supposition. Bientôt il s'aperçut, au nuage de poussière qui commençait à s'élever entre le château et le pont, et au son plus rapproché des clairons, que la cavalcade s'avançait de ce côté.

Vidal semblait indécis s'il resterait dans la position qu'il occupait, et d'où il avait une vue complète, mais éloignée, de toute la scène, ou si, pour la voir de plus près, quoique moins en détail, il se jetterait dans la foule nombreuse qui se pressait alors autour de l'avenue formée par les Flamands armés et rangés en bon ordre.

Un moine passa en ce moment près de Vidal, et celui-ci lui demandant, comme au paysan, quelle était la cause de cette réunion, il lui répondit d'une voix presque inarticulée sortant de dessous son capuchon, que c'était le connétable De Lacy, qui, pour premier acte de son autorité, allait remettre aux Flamands la charte royale de leurs immunités.

— Il paraît bien pressé d'exercer cette autorité, dit le ménestrel.

— Celui qui vient de ceindre un glaive est impatient de le tirer, répondit le moine; et il ajouta quelques mots que le ménestrel ne put entendre que très-imparfaitement, car le père Aldrovand n'avait pas encore recouvré la santé depuis le dernier siège de Garde-Douloureuse.

Vidal comprit pourtant que le moine comptait y trouver le connétable, et le prier d'employer son intercession en sa faveur.

— Je l'y trouverai aussi, s'écria Vidal en se levant tout à coup de la pierre sur laquelle il était assis.

— Suivez-moi donc, murmura le père Aldrovand; les Flamands me connaissent, ils me laisseront passer.

Mais le père Aldrovand était en disgrace, et son influence ne fut pas aussi puissante qu'il s'en était flatté; le ménestrel et lui étant poussés à droite et à gauche par la foule, ils furent bientôt séparés.

Vidal fut pourtant reconnu par les paysans anglais auxquels il avait déjà parlé, et l'un d'eux lui dit : — Eh bien, ménestrel, ne pourrais-tu faire quelques tours de jongleur? Tu y gagnerais une bonne largesse, car nos maîtres les Normands aiment la jonglerie.

— Je n'en connais qu'un seul, répondit Vidal, et je vous le montrerai si vous voulez me faire un peu de place.

Ils repoussèrent la foule à quelque distance, et par ce moyen Vidal eut le temps de jeter son chapeau, et de se débarrasser des guêtres de cuir qui lui couvraient les jambes et les genoux, ne conservant que ses sandales. Couvrant ensuite ses cheveux noirs et son front bruni par le soleil d'un mouchoir de couleur qu'il noua autour de sa tête, il se dépouilla de son habit de dessus, et montra ses bras nerveux, nus jusqu'à l'épaule.

Mais tandis qu'il amusait par ces préparatifs ceux qui l'entouraient, il se fit un mouvement subit et violent dans la foule, qui se précipita du même côté; le son des trompettes se fit entendre de très-près; les instrumens de musique des Flamands y répondirent, et l'on entendit crier de toutes parts en normand et en anglais : — Longue vie au vaillant connétable! Que Notre-Dame protège le brave De Lacy!

Vidal fit des efforts incroyables pour approcher de celui qui marchait en tête du cortège parti du château, dont il ne pouvait voir que le beau panache flottant, et la main droite qui tenait le bâton de commandement. La foule d'officiers et d'hommes d'armes qui étaient autour de lui dérobait à sa vue le reste de sa personne. Enfin, il réussit à se placer à quatre pas du connétable, qui était alors dans un petit cercle, dont on éloignait, non sans peine, les curieux, pour qu'il pût s'acquitter du cérémonial qu'il avait à remplir. Il avait le dos tourné du côté du ménestrel, et il se baissait sur son cheval pour remettre la charte royale à Wilkin Flammock, qui avait fléchi un genou pour la recevoir avec plus de respect. La posture que le Flamand avait prise obligea le connétable à se baisser tellement, que les plumes de son panache touchaient à la crinière de son noble coursier.

En ce moment, Vidal sauta avec une agilité merveilleuse par-dessus la tête des Flamands qui empêchaient les curieux de pénétrer dans l'enceinte du cercle, et, en un clin-d'œil, il avait appuyé son genou sur la croupe du cheval du connétable, sa main gauche l'avait saisi par le collet de son habit, et, s'attachant à sa victime, comme un tigre à la proie sur laquelle il vient de s'élancer, le ménestrel tira en même temps un poignard à lame courte et bien affilée, et le lui enfonça derrière le cou, précisément à l'endroit où commence la moelle épinière. Ni la justesse du coup d'œil, ni la force du bras ne lui manquèrent.

La blessure était mortelle; le malheureux cavalier tomba de cheval sans pousser un seul gémissement, comme un taureau dans l'amphithéâtre sous le fer du *taureador*; et son meurtrier, en selle à sa place, et brandissant son poignard ensanglanté, pressa le cheval des talons pour le faire partir à travers la foule.

Il était possible qu'il s'échappât, car la promptitude et l'audace de l'assassin avaient comme frappé de paralysie tous ceux qui l'entouraient; mais la présence d'esprit de Flammock ne l'abandonna pas. Il saisit le cheval par la bride, et, aidé par ceux qui n'avaient besoin que d'un exemple, il arrêta Vidal, lui lia les mains, et s'écria qu'il fallait le conduire devant le roi Henry. Cette proposition, faite par Wilkin d'un ton ferme et décidé, imposa silence à mille voix qui criaient au meurtre et à la trahison; car les races différentes, ennemies les unes des autres, dont la foule était composée, s'accusaient réciproquement de ce forfait.

Le flux et reflux des flots du peuple ne forma plus alors qu'un seul courant qui se dirigea vers le château de Garde-Douloureuse, et il ne resta sur le lieu où venait de se passer cette scène tragique que quelques domestiques du défunt, qui demeurèrent pour transporter le corps de leur maître, avec toute la solennité de la douleur, de l'endroit où il s'était rendu avec une pompe triomphale.

Quand Flammock arriva au château, il y fut reçu à l'instant avec son prisonnier et quelques individus qu'il avait choisis pour faire leur déclaration comme témoins de son crime. Ayant demandé une audience du roi, on lui répondit que ce prince avait défendu que personne entrât dans son cabinet jusqu'à nouvel ordre. Mais la nouvelle du meurtre du connétable était si étrange, que le capitaine des gardes prit sur lui de se présenter devant le roi pour lui apprendre cet événement, et Henry ordonna que Flammock et le prisonnier fussent admis sur-le-champ en sa présence. Ils y trouvèrent Henry assis sur son fauteuil, derrière lequel plusieurs personnes étaient debout à quelque distance, dans la partie la plus obscure de l'appartement.

Lorsque Flammock arriva, sa taille grande et replète et ses membres robustes faisaient un étrange contraste avec la pâleur de son visage, causée par l'horreur à laquelle se mêlait peut-être aussi la crainte respectueuse que lui inspirait la présence de son souverain. A côté de lui était son prisonnier, que la situation dans laquelle il se trouvait ne paraissait pas intimider. Le sang qui avait jailli de la blessure de sa victime souillait ses bras, le peu de vêtemens qu'il avait conservés, et surtout son front et le mouchoir qui l'entourait.

Henry jeta sur lui un regard sévère, que Vidal soutint non-seulement sans effroi, mais d'un air qui semblait le braver.

— Quelqu'un connaît-il ce scélérat? demanda le roi en regardant autour de lui.

Personne ne répondit sur-le-champ; mais enfin Philippe Guarine, se détachant du groupe qui était dans le fond de l'appartement, dit en hésitant :

— Si ce n'était l'étrange costume qu'il porte, sire, je dirais que c'est un ménestrel de la maison de mon maître, nommé Renault Vidal.

— Tu te trompes, Normand, répliqua le ménestrel. Le nom que j'avais pris et les viles fonctions que je remplissais n'étaient qu'une voie pour me conduire à mon but. Je suis Breton; mon nom est Cadwallon, Cadwallon aux neuf lais, premier barde de Gwenwyn de Powis Land, et son vengeur.

Comme il prononçait ces derniers mots, ses yeux rencontrèrent ceux d'un pèlerin qui était aussi dans le fond de l'appartement, et qui, s'avançant peu à peu, était alors en face de lui.

Les yeux du Gallois semblèrent près de sortir de leur orbite, et il s'écria d'un ton de surprise mêlé d'horreur :

— Les morts reparaissent-ils devant les monarques! Si tu es vivant, qui donc ai-je tué? Le saut que j'ai fait, le coup sûr que j'ai porté, ne sont pas un rêve; et cependant ma victime est sous mes yeux ! N'ai-je donc pas tué le connétable de Chester?

— Oui, tu as tué le connétable, répondit le roi; mais apprends que c'est Randal de Lacy à qui nous avions donné cette place ce matin, dans la ferme croyance que notre fidèle et loyal Hugues de Lacy avait péri dans un naufrage en revenant de la Terre-Sainte. Ton crime n'a abrégé que de quelques heures la courte élévation de Randal ; car le soleil, demain à son lever, l'aurait vu dépouillé de ses honneurs et de ses biens.

Le prisonnier baissa la tête sur sa poitrine avec un désespoir évident. — Je pensais, dit-il, qu'il avait quitté ses haillons, et qu'il s'était empressé de se montrer dans toute sa gloire. Puissent tomber de ma tête les yeux qui se sont laissé tromper par ces brillans hochets, un panache et un bâton de commandement !

— J'aurai soin, Gallois, que tes yeux ne te trompent plus, dit le roi d'un ton sévère ; car, avant qu'une heure soit écoulée, ils seront fermés sur toutes les choses de ce monde.

— Votre Majesté daignera-t-elle me permettre, dit le connétable, de faire à ce malheureux quelques questions ?

— Oui, répondit le roi, quand je lui aurai demandé moi-même pourquoi il a trempé ses mains dans le sang d'un noble Normand ?

— Parce que celui que j'ai voulu frapper, répondit Cadwallon, dont les yeux se portaient alternativement, avec une expression féroce, sur le roi et sur le connétable, avait répandu le sang du descendant de mille rois, auprès duquel le sien et le tien, orgueilleux comte d'Anjou, ne sont que l'eau infecte d'un marécage comparée à celle d'une fontaine limpide.

L'œil de Henry menaça le barde audacieux, mais il retint sa colère en voyant le regard suppliant du connétable.

— Qu'as-tu à lui demander? dit le roi à son fidèle serviteur. Sois bref, car les minutes de sa vie sont comptées.

— Avec votre permission, sire, répondit Hugues de Lacy, je voudrais lui demander pourquoi il a épargné si long-temps une vie qu'il voulait sacrifier quand elle était en son pouvoir, pourquoi il l'a même défendue plusieurs fois avec une apparence de fidélité?

— Normand, dit Cadwallon, je répondrai à ta question avec vérité. J'avais dessein de t'ôter la vie la nuit même où j'entrai à ton service; voilà l'homme, ajouta-t-il en montrant Philippe Guarine, à la vigilance duquel tu fus redevable de ta sûreté.

— Il est vrai, dit Lacy, que je me rappelle quelques circonstances qui semblaient indiquer un tel projet; mais pourquoi ne l'as-tu pas exécuté quand tu en as trouvé l'occasion?

— Quand celui qui avait tué mon souverain, répondit le Gallois, devint soldat de Dieu et en servit la cause dans la Palestine, il n'avait rien à craindre de ma vengeance.

— Ce scrupule est admirable dans un assassin gallois, dit le roi d'un ton méprisant.

— Oui, répliqua Cadwallon, et l'on ne pourrait en dire autant de certains princes chrétiens, qui n'ont jamais manqué de profiter de toutes les occasions de pillage et de conquête que leur offrait l'absence d'un rival parti pour la croisade.

— Par la sainte croix! s'écria Henry, sur le point de céder à sa colère en entendant une insulte spécialement dirigée contre lui; mais, s'interrompant tout à coup, il dit avec le sang-froid du mépris : Qu'on traîne ce misérable à l'échafaud.

— Permettez-moi une question, sire, dit le connétable. Renault Vidal, ou quel que soit ton nom, depuis mon retour en ce pays, tu m'as rendu des services qui ne sont pas d'accord avec la résolution que tu avais formée de m'arracher la vie. Tu m'as aidé à me sauver du naufrage; tu m'as guidé en sûreté à travers tout le pays de Galles, où il n'aurait fallu que prononcer mon nom pour me vouer à la mort. Je n'étais plus alors un soldat de Dieu combattant pour la croix.

— Je pourrais éclaircir tes doutes, répondit le barde, si je ne craignais d'avoir l'air de plaider pour ma vie.

— Que cette crainte ne t'arrête pas, dit Henry ; car notre saint père lui-même intercéderait en ta faveur, que ses prières seraient inutiles.

— Eh bien donc, dit Cadwallon en s'adressant à De Lacy, apprends la vérité : j'étais trop fier pour permettre aux vagues et aux Gallois de partager ma vengeance. Apprends aussi ce qui a peut-être été une faiblesse en Cadwallon, l'habitude de vivre avec toi avait partagé mes sentimens entre la haine et l'admiration. Je songeais encore à ma vengeance, mais comme à une chose qui semblait être hors de ma portée, comme à une image que j'apercevais dans les cieux, plutôt que comme à un objet que je dusse un jour atteindre. Et quand je te vis aujourd'hui si déterminé, si courageusement résolu à supporter en homme tous les malheurs qui te menaçaient, tu me parus comme la dernière tour d'un palais ruiné, élevant encore sa tête vers le ciel, au milieu des débris de son antique splendeur. Puissé-je périr, me dis-je alors en secret, avant d'en compléter la ruine! En ce moment, oui, en ce moment, il n'y a que quelques heures, si tu avais accepté la main que je t'offrais, je t'aurais servi comme jamais serviteur n'a servi un maître. Tu l'as repoussée avec mépris, et cependant il a encore fallu que je te visse, comme je le croyais, traversant, avec tout l'orgueil normand, le champ de bataille sur lequel tu as tué mon maître, pour que je reprisse assez de résolution pour frapper le coup qui t'était destiné, mais qui du moins a immolé un homme de ta race usurpatrice. Je ne répondrai plus à aucune question. Qu'on me conduise à la hache ou à la corde, peu m'importe! L'ame de Cadwallon rejoindra bientôt celles de ses ancêtres, qui furent aussi nobles que libres.

— Mon roi, mon souverain, dit De Lacy en fléchissant un genou devant Henry, pouvez-vous entendre ce langage, et refuser une grace à votre ancien serviteur? Épargnez la vie de cet homme, n'éteignez pas une telle lumière, quoique le feu en soit trompeur et sinistre!

— Relève-toi, De Lacy, répondit le roi; relève-toi, et rougis de ta demande. Le sang de ton parent, le sang d'un noble Normand, teint encore les mains et le front de ce Gallois. Aussi sûr que j'ai été couronné roi, il mourra avant que ces marques de son crime soient essuyées. Ici! qu'on le conduise au supplice à l'instant même.

Des gardes s'emparèrent de Cadwallon, et l'emmenèrent hors de l'appartement.

— Tu es fou, De Lacy, continua Henry en forçant le connétable à se relever; tu es fou de me presser ainsi, mon vieil et fidèle ami. Ne vois-tu pas que le soin de ton intérêt exige de nous cet acte de rigueur? Ce Randal, par ses largesses et ses promesses, s'est fait bien des partisans, qui, en te voyant revenir moins riche et moins puissant, ne seront peut-être pas très-disposés à reconnaître ta suzeraineté. S'il avait vécu, nous aurions eu nous-mêmes quelque difficulté à le dépouiller entièrement du pouvoir qu'il avait acquis. Rendons graces au Gallois qui nous en a délivrés; mais tous ses amis jetteraient les hauts cris si nous pardonnions au meurtrier. Quand le sang aura payé le prix du sang, ils oublieront tout; et leur loyauté, reprenant son cours naturel, te reconnaîtra pour leur maître légitime.

Hugues de Lacy se releva, et combattit respectueusement les raisons politiques de son adroit souverain; car il voyait clairement que Henry les alléguait moins par égard pour l'intérêt personnel d'un de ses sujets que pour effectuer ce changement d'autorité féodale avec le moins d'embarras possible pour le pays et pour le monarque.

Henry écouta ses argumens avec patience, et y répondit avec calme. Tout à coup on entendit un roulement lugubre de tambours, et le son funèbre de la cloche du château frappa leurs oreilles. Le roi conduisit alors De Lacy vers la fenêtre, qui était éclairée par une lueur rougeâtre venant du dehors. Un corps d'hommes d'armes, dont chacun tenait en main une torche allumée, passait sur la terrasse, revenant d'assister à l'exécution du farouche mais courageux Breton, et l'air retentissait de leurs cris : — Longue vie au roi Henry! ainsi périssent tous les ennemis du noble sang normand!

CONCLUSION.

> « Le Dieu de la lumière a quitté l'horizon,
> » Un nouvel astre a fait briller sa flamme,
> » Depuis qu'à cette aimable dame
> » Tes bras, ô Géraldine ! ont servi de prison. »
> COLERIDGE. *Christabelle.*

La renommée s'était trompée en répandant le bruit qu'Eveline Bérenger, après la prise de son château, avait été conduite dans une prison plus sévère que le couvent de sa tante, l'abbesse des bénédictines de Glocester. C'en était une assez désagréable ; car les vieilles tantes non mariées, abbesses ou non, ne sont pas très-indulgentes pour les fautes de la nature de celles dont on accusait Eveline; et la pauvre fille, malgré son innocence, fut livrée à toute l'amertume de ses regrets. Sa détention devenait chaque jour moins supportable, par des reproches qui prenaient les formes variées de la pitié, de la consolation et des exhortations, mais qui n'étaient qu'insultes et sarcasmes. La compagnie de Rose était tout ce qui lui restait pour la soutenir dans ses chagrins, et elle en fut enfin privée le matin même du jour où il se passa tant d'événemens importans au château de Garde-Douloureuse.

La malheureuse Eveline demanda en vain à une religieuse qui parut en place de Rose pour l'aider à s'habiller pourquoi on défendait à sa compagne, à son amie, de se rendre près d'elle. La religieuse garda à cet égard un silence obstiné; mais elle prononça quelques mots sur l'importance que la vanité d'un être formé d'argile attachait à de futiles ornemens, et ajouta qu'il était bien dur qu'une épouse du ciel fût obligée de détourner ses pensées de devoirs d'un ordre bien plus relevé pour attacher des agrafes et arranger des voiles.

Cependant l'abbesse, après les matines, dit à sa nièce que ce n'était pas seulement pour un certain temps que sa suivante lui avait été retirée, mais qu'il était probable qu'elle allait être enfermée dans le couvent de l'ordre le plus sévère pour avoir aidé sa maîtresse à recevoir Damien de Lacy dans la chambre à coucher qu'elle occupait dans le château de Baldringham.

Un soldat de la troupe du connétable de Lacy, qui jusqu'alors avait gardé le secret sur ce qu'il avait vu pendant cette nuit, étant hors de son poste, avait pensé que, Damien étant disgracié, il pourrait trouver son profit à raconter cette histoire. Ce nouveau coup, si inattendu, si affligeant, cette nouvelle accusation qu'il était si difficile d'expliquer, et si impossible de nier entièrement, semblaient mettre le sceau au destin d'Eveline et à celui de son amant; et la pensée que sa fidèle compagne, dont l'ame était si élevée, se trouvait enveloppée dans sa ruine, était tout ce qui manquait à la jeune fille de Bérenger pour la jeter dans l'indifférence du désespoir.

— Pensez de moi ce qu'il vous plaira, dit-elle à sa tante; je ne me défendrai plus; dites ce qu'il vous plaira, je n'y répliquerai plus; conduisez-moi où il vous plaira, je n'y résisterai plus. Dieu me justifiera quand il le jugera convenable : puisse-t-il pardonner à ceux qui me persécutent!

Après cela, et pendant plusieurs heures de cette malheureuse journée, lady Eveline, pâle et silencieuse, alla de la chapelle au réfectoire, et du réfectoire à la chapelle, au moindre signe de l'abbesse et des sœurs dignitaires, et supporta les privations, les pénitences, les admonitions et les reproches, dont elle eut ce jour-là à essuyer une double part, comme une statue de marbre supporte la rigueur des saisons et les gouttes de pluie qui doivent avec le temps la détruire.

L'abbesse, qui aimait sa nièce, quoique son affection se montrât souvent par des bouderies, prit enfin l'alarme, révoqua l'ordre qu'elle avait donné de la placer dans une mauvaise cellule, alla elle-même l'aider à se mettre au lit, attention qu'Eveline reçut également d'un air entièrement passif; puis, avec une sorte de renouvellement de tendresse, l'embrassa, et lui donna sa bénédiction en sortant de l'appartement. Quelque légères que fussent ces marques d'affection, elles étaient inattendues, et, comme la verge de Moïse, elles ouvrirent la source cachée dans le rocher. Eveline pleura, et enfin, après avoir sangloté comme un enfant, l'émotion naturelle à laquelle elle s'était abandonnée rendit un peu de calme à son esprit, et elle s'endormit.

Elle s'éveilla plus d'une fois pendant la nuit au milieu de sombres rêves qui lui offraient des images confuses de cellules et de châteaux, de noces et de funérailles, de fêtes et d'instrumens de torture, de couronnes et de gibets. Mais vers le matin elle tomba dans un sommeil plus profond que celui dont elle avait joui jusqu'alors, et les visions qu'il lui offrit prirent un caractère plus consolant. Notre-Dame de Garde-Douloureuse parut lui sourire dans ses songes, et l'assurer de sa protection. L'ombre de son père s'offrit aussi à son imagination; et, avec la hardiesse que donnent les rêves, elle le reconnut avec respect, mais sans crainte. Elle voyait remuer ses lèvres, elle l'entendait parler; mais tout ce qu'elle pouvait comprendre à ses paroles, c'était qu'il lui annonçait l'espoir, la consolation, et un bonheur prochain.

Elle vit aussi se glisser vers elle une autre apparition offrant cette espèce de beauté délicate qui est le partage des femmes blondes. Elle fixait ses grands yeux bleus sur Eveline, qui crut reconnaître en elle la Bretonne Vanda. Elle portait une tunique de soie couleur de safran, et une mante de soie bleu de ciel, dont la forme était antique. Ses longs cheveux blonds ne tombaient plus en désordre sur ses épaules; ils étaient mystérieusement ornés de gui et de feuilles de chêne. Ses traits n'exprimaient plus le ressentiment. Sa main droite était placée avec grace sous sa mante, et ce fut d'une main blanche, charmante, et n'offrant aucune trace de mutilation, qu'elle pressa celle d'Eveline. Cependant, malgré ces apparences de faveur, un frisson de crainte agita la fille de Raymond Bérenger, tandis que l'ombre de Vanda sembla lui dire :

> Tu seras veuve, épouse, fiancée,
> Fille avec un mari, trahie et trahissant.
> Tel était du destin l'oracle menaçant,
> Toujours présent à ta pensée ;
> Mais aujourd'hui l'oracle est accompli,
> Et Vanda t'offre ici le pardon et l'oubli.

En prononçant ces mots, elle se baissa comme pour embrasser Eveline, qui tressaillit et s'éveilla. Sa main était véritablement pressée par une main aussi pure et aussi blanche que la sienne. Les yeux bleus, les cheveux blonds, le sein à demi voilé d'une jeune et charmante femme, dont les lèvres touchaient ses joues, s'offrirent à elle à son réveil; mais c'était Rose, dans les bras de laquelle sa maîtresse se trouva serrée, et qui, tout en l'embrassant avec affection, lui couvrait le visage de larmes.

— Que veut dire ceci, Rose? s'écria Eveline. Dieu soit béni! vous m'êtes donc rendue? Mais pourquoi ces pleurs?

— Laissez-moi pleurer! laissez-moi pleurer! répondit Rose; il y a long-temps que je n'ai pleuré de joie, et j'espère qu'il se passera bien du temps avant que je pleure encore de chagrin. Il vient d'arriver des nouvelles de Garde-Douloureuse, c'est Amelot qui les a apportées; il est libre, son maître l'est aussi, et il est en grande faveur auprès du roi Henry. Écoutez encore, mais je ne dois pas vous le dire si précipitamment... comme vous pâlissez!

— Non, non, dit Eveline, continuez, continuez; je crois que je vous comprends, je le crois.

— Le misérable Randal de Lacy, la cause première de tous nos chagrins, ajouta Rose, ne vous tourmentera plus; il a été tué par un honnête Gallois. Je suis fâchée qu'on ait fait pendre ce brave homme pour une si bonne action. Et ensuite le bon vieux connétable lui-même est de retour de la Palestine, et il revient aussi respectable qu'il était parti, mais un peu plus sage, car on dit qu'il ne songe plus à vous épouser.

— Jeune folle, dit Eveline, qui pâle tout à l'heure rougit en prononçant ces mots; — jeune folle, ne plaisante pas sur un pareil sujet. Est-il possible que tout cela soit vrai, que Randal n'existe plus, que le connétable soit de retour?

Les questions et les réponses se succédèrent avec une promptitude qui y jetait quelque désordre, et elles étaient interrompues par des exclamations de surprise et d'actions de graces au ciel et à Notre-Dame. Enfin les transports de joie se calmèrent, et firent place à une sorte d'étonnement tranquille.

De son côté Damien de Lacy avait aussi des explications à recevoir, et la manière dont elles lui furent données eut quelque chose de remarquable. Il habitait depuis quelque temps ce que notre siècle appellerait un cachot, mais ce qu'on appelait alors une prison. Nous sommes peut-être blâmables d'accorder au criminel reconnu et convaincu une demeure et une nourriture plus agréables qu'il n'aurait pu se les procurer par un travail honnête, s'il eût été en liberté et qu'il eût tâché de gagner honnêtement sa vie; mais c'est une faute vénielle, comparée à celle de nos ancêtres, qui, regardant l'accusation et la conviction comme synonymes, traitaient l'accusé, avant qu'il fût jugé, d'une manière qui aurait été un châtiment assez sévère après qu'il aurait été déclaré coupable.

Malgré sa haute naissance et son rang distingué, Damien fut donc traité dans sa prison comme l'eût été le dernier criminel. Il était chargé de chaînes pesantes, nourri des alimens les plus grossiers; et le seul adoucissement qu'il éprouvât à sa situation, c'était qu'il lui fût permis de se livrer à ses chagrins dans un cachot solitaire, dont tout l'ameublement consistait en un mauvais grabat, une table cassée et une chaise; un cercueil, portant ses armoiries et les lettres initiales de ses noms, était dans un coin pour le prévenir du destin qui l'attendait bientôt. Dans un autre un crucifix semblait l'avertir qu'il y avait un autre monde au-delà de celui qui allait disparaître à ses yeux. Nul bruit ne pouvait interrompre le silence de son cachot; nulle nouvelle ne pouvait y pénétrer pour l'éclairer sur son destin et sur celui de ses amis. Accusé d'avoir été pris les armes à la main, en révolte ouverte contre le roi, il devait être jugé par les lois militaires, et conduit à la mort sans même avoir été entendu. Il ne prévoyait pas d'autre fin à sa détention.

Il y avait près d'un mois que Damien habitait cette triste demeure, et, quelque étrange que cela puisse paraître, sa santé, qui avait beaucoup souffert de ses blessures, commençait peu à peu à s'améliorer, soit par suite du régime sévère qu'on lui faisait observer, soit parce que la certitude, quelque fâcheuse qu'elle soit, est un mal que la plupart des hommes supportent plus facilement que des combats perpétuels entre la passion et le devoir. Mais le terme de son emprisonnement semblait très-près de sa fin, car son geôlier, Saxon grossier de la plus basse classe, lui adressant un soir un plus long discours qu'il ne lui en avait encore tenu, l'avertit de se préparer à changer bientôt d'habitation. Le ton bourru avec lequel il lui donnait cet avis convainquit le prisonnier que cet instant était très-prochain. Il demanda un confesseur; et le geôlier, quoique se retirant sans répondre, sembla indiquer par un geste que cette demande lui serait accordée.

Le lendemain matin, de meilleure heure que de coutume, le bruit de la serrure et des verrous tira tout à coup Damien d'un sommeil interrompu dont il ne jouissait que depuis une couple d'heures. Il fixa les yeux sur la porte, qui s'ouvrait lentement, comme s'il devait s'attendre à voir arriver l'exécuteur des hautes œuvres et ses aides; mais ce fut le geôlier qui entra, accompagné d'un homme robuste en apparence, et portant un habit de pèlerin.

— Est-ce un prêtre que vous m'amenez? demanda l'infortuné prisonnier.

— Il peut vous le dire mieux que moi, répondit le Saxon en se retirant.

Le pèlerin resta debout, le dos tourné vers la petite fenêtre, ou, pour mieux dire, le soupirail, qui permettait à peine à une faible lumière de pénétrer dans le cachot, et regarda avec attention Damien sur le bord de son lit; ses joues pâles et ses cheveux en désordre formaient un accord parfait avec les fers dont il était chargé. Le prisonnier, de son côté, examina le pèlerin; mais à la clarté imparfaite qui régnait dans sa prison il vit seulement que celui qui venait le visiter était un vieillard encore vert. Une coquille de pétoncle, attachée à son chapeau, attestait qu'il avait passé les mers, et sa branche de palmier était le gage de son pèlerinage en Judée.

— Révérend père, dit le malheureux jeune homme, êtes-vous prêtre? Venez-vous pour décharger ma conscience du fardeau de mes péchés?

— Je ne suis pas prêtre, répondit le pèlerin, je suis un homme qui vous apporte de malheureuses nouvelles.

— Vous les apportez à un homme à qui le bonheur a été étranger depuis long-temps, et dans un lieu qui ne l'a jamais connu.

— J'en aurai moins de scrupule à vous annoncer mes nouvelles. Ceux qui sont dans le chagrin en supportent plus aisément de mauvaises que ceux qu'elles surprennent au milieu du contentement et du bonheur.

— La situation du malheureux devient encore plus pénible par l'attente : je vous prie donc de ne pas me tenir plus long-temps dans l'incertitude ; si vous venez m'annoncer que l'instant est arrivé où ce corps mortel doit retourner en poussière, que Dieu fasse grace à l'ame qui doit en être violemment séparée.

— Je n'ai pas une telle mission ; j'arrive de la Terre-Sainte, et je suis d'autant plus fâché de vous trouver dans une telle situation, que le message dont je suis chargé pour vous s'adressait à un homme libre et riche.

— Ces fers et cet appartement, pèlerin, vous donnent la mesure de ma liberté et de ma richesse. Mais apprenez-moi vos nouvelles. Si mon oncle, car je crains qu'il ne soit question de lui, avait besoin de mon bras ou de ma fortune, ce cachot et la dégradation que j'éprouve me réservaient encore plus de tourmens que je ne l'avais cru possible.

— Jeune homme, dit le pèlerin, votre oncle est captif, ou pour mieux dire esclave du grand soudan, entre les mains duquel il est tombé par suite d'une bataille dans laquelle il s'est couvert de gloire, quoiqu'il n'ait pu empêcher la défaite des chrétiens. Il fut fait prisonnier tandis qu'il protégeait la retraite, après avoir tué (pour son malheur, comme le résultat le prouva), Hassan Ali, favori du sultan. Le cruel païen fit charger le digne chevalier de fers encore plus lourds que ceux que vous portez, et votre cachot semblerait un palais auprès de celui dans lequel il est enfermé. Le premier dessein de l'infidèle était de faire périr le vaillant connétable dans les tourmens les plus affreux que ses bourreaux pourraient inventer; mais la renommée lui apprit que son prisonnier jouissait d'un haut rang et d'une richesse considérable, et il lui demanda une rançon de dix mille besans d'or. Votre oncle lui représenta que le paiement d'une telle somme le ruinerait complètement, et l'obligerait à vendre tous ses biens; il ajouta même qu'il lui fallait du temps pour en faire la vente. Le soudan lui répliqua qu'il lui importait fort peu qu'un chien comme le connétable fût gras ou maigre, et il ne voulut rien rabattre de ses prétentions. Cependant il consentit que le paiement de cette somme se fît en trois termes, à condition que, lors du premier, le plus proche parent et héritier présomptif d'Hugues de Lacy serait remis entre ses mains, comme otage, jusqu'au paiement des deux autres. A ces conditions, il promit de rendre la liberté à votre oncle, dès que vous arriveriez en Palestine avec le premier tiers de la rançon.

— C'est à présent que mon malheur est au comble, s'écria Damien, puisque je ne puis donner une preuve de mon attachement et de ma reconnaissance à un oncle qui m'a toujours servi de père pendant ma longue minorité.

— Ce sera sans doute pour le connétable un bien grand désappointement, dit le pèlerin, car il lui tardait de revenir dans cet heureux pays pour remplir un engagement de mariage qu'il a contracté avec une jeune dame qu'on dit aussi riche que belle.

Damien tressaillit si vivement, que le bruit de ses chaînes trahit son agitation ; mais il garda le silence.

— S'il n'était pas votre oncle, continua le pèlerin, s'il n'était pas connu pour un homme sage, je dirais que ce projet n'annonce guère de prudence. Quoiqu'il pût y penser avant de quitter l'Angleterre, grace à deux ans employés à faire la guerre en Palestine, et à une troisième année passée dans les tourmens et les privations d'un emprisonnement chez les païens, il figurerait assez mal comme nouveau marié.

— Silence, pèlerin ! dit Damien d'un ton imposant. Il ne t'appartient pas de censurer un noble chevalier comme mon oncle, et il ne me convient pas d'écouter de pareils propos.

— Pardon, jeune homme ; mais en vous parlant ainsi je prenais en considération votre intérêt, qui, à ce qu'il me semble, n'est pas que votre oncle laisse des héritiers en ligne directe.

— Tais-toi, homme vil ! de par le ciel, je suis plus courroucé que jamais contre ma prison, puisque la porte s'en ouvre pour un être tel que toi, et contre mes fers, puisqu'ils m'empêchent de te châtier. Retire-toi, je t'en prie.

— Pas avant d'avoir ta réponse pour ton oncle : mon âge méprise la colère de ta jeunesse, comme le rocher dédaigne l'écume du faible ruisseau qui vient attaquer sa base inébranlable.

— Dis donc à mon oncle que je serais allé le trouver si je n'étais prisonnier; que je lui aurais envoyé tout ce que je possédais si la confiscation n'avait fait de moi un mendiant.

— Il est facile d'annoncer hardiment des intentions vertueuses quand celui qui les affiche sait qu'on ne peut lui demander d'exécuter ses belles promesses. Mais si je pouvais te dire que ta liberté et tes richesses te sont rendues, je crois que tu réfléchirais deux fois avant de consommer le sacrifice auquel tu te détermines si aisément dans la situation où tu te trouves.

— Je te le répète, vieillard, retire-toi; ton ame ne saurait comprendre la mienne. Pars, et n'ajoute pas à ma détresse par des insultes que je ne puis punir.

— Mais s'il était en mon pouvoir de te rendre libre et riche, serais-tu charmé qu'on te rappelât tes projets si généreux? S'il n'en est rien, tu peux compter que je serai assez discret pour ne jamais parler de la différence de sentimens de Damien dans les fers et de Damien en liberté.

— Que veux-tu dire? s'écria Damien. Tes paroles couvrent-elles autre chose que le désir de me tourmenter?

— Oui, sans doute, répondit le pèlerin en tirant de son sein un parchemin auquel était attaché un large sceau. Apprends que Randal a perdu la vie d'une manière étrange, et que sa trahison envers le connétable et envers toi a été découverte par des voies qui ne le sont pas moins. Pour te dédommager de tes souffrances, le roi t'accorde ton plein pardon, et le tiers des domaines que la mort de ton cousin réunit à ceux de la couronne.

— Et le roi me rend la liberté! s'écria Damien.

— Oui, à compter de cet instant, répondit le pèlerin; jette un coup d'œil sur ce parchemin, examine la signature et le sceau du roi.

— J'en veux une meilleure preuve, dit Damien en secouant ses chaînes avec grand bruit. Holà! Dogget! geôlier! fils d'un chien-loup saxon!

Le pèlerin, en frappant à la porte, seconda les efforts de Damien pour appeler le geôlier, qui arriva presque au même instant.

— Geôlier, dit Damien d'un ton ferme, suis-je encore ton prisonnier, ou ne le suis-je plus?

Le geôlier jeta un regard oblique sur le pèlerin, comme pour le consulter, et dit ensuite à Damien qu'il était libre.

— En ce cas, misérable esclave, s'écria Damien avec impatience, pourquoi ces fers chargent-ils encore les membres libres d'un noble Normand? chaque instant qu'il les porte vaut toute la vie de servitude d'un esclave tel que toi.

— Vous en serez bientôt débarrassé, sir Damien, répondit Dogget, et je vous prie de prendre patience en songeant qu'il y a dix minutes que vous n'aviez guère lieu d'espérer que vous en seriez délivré autrement que pour monter à l'échafaud.

— Silence, chien, s'écria Damien, et dépêche-toi. —

Tu pensais sans doute, dit-il en s'adressant au pèlerin, qu'il était prudent de m'extorquer, pendant ma détention, des promesses que l'honneur ne me permettrait pas de rétracter quand je serais libre; cette conduite annonce des soupçons offensans; mais ton motif était d'assurer la liberté de mon oncle.

— Et vous avez réellement dessein d'employer la liberté que vous venez de recouvrer à faire le voyage de Syrie, et de changer votre prison d'Angleterre pour le cachot du soudan?

— Si tu veux me servir de guide, tu n'auras pas à dire que je m'amuse en chemin.

— Et la rançon, comment y pourvoirez-vous?

— Comment? les biens qui viennent de m'être restitués appartenaient à mon oncle en justice et par le fait, et doivent être avant tout employés à ses besoins. Ou je me trompe fort, ou il n'y a pas un Juif ni un lombard qui ne m'avance la somme nécessaire sur un tel gage. — Allons donc, chien, ajouta Damien en s'adressant au geôlier, dépêche-toi davantage; je ne suis pas délicat, ne crains rien; tout ce que je te demande, c'est de ne pas me casser de membre.

Le pèlerin eut l'air quelques instans d'être surpris de la détermination de Damien, et s'écria ensuite : — Je ne puis plus garder le secret du vieillard, je ne puis aisser sacrifier tant de grandeur d'ame et de générosité! Écoute-moi, sir Damien, j'ai encore un secret important à t'apprendre, et, comme ce serf saxon ne comprend pas le français, ce moment est favorable pour t'en faire part. Apprends que ton oncle est aussi changé au moral qu'au physique. Son cœur, jadis noble et généreux, s'est ouvert au soupçon et à la jalousie, comme son corps s'est affaibli et cassé. La coupe de sa vie est maintenant épuisée, et, je suis fâché de le dire, la lie en est trouble et amère.

— Est-ce là ton secret important? Je sais que les hommes vieillissent avec le temps; et si les infirmités du corps influent sur le caractère et l'esprit de quelques-uns, c'est une raison de plus pour que ceux qui leur sont attachés par les liens du sang et de l'affection aient pour eux plus d'égards et de soins.

— Oui, mais on a empoisonné l'esprit du connétable en le prévenant contre toi. Un bruit parti d'Angleterre est arrivé jusqu'à ses oreilles : on lui a dit qu'il existe un sentiment secret d'affection entre toi et sa fiancée Eveline Bérenger. Ah! ai-je touché l'endroit sensible?

— Pas du tout, répondit Damien en s'armant de toute la résolution que pouvait lui fournir la vertu. Eh bien, mon oncle a donc appris ce bruit? et l'a-t-il cru?

— Il l'a cru ; je puis te le garantir puisqu'il ne m'a pas dérobé une seule de ses pensées ; mais il m'a bien recommandé de te cacher soigneusement ses soupçons, sans quoi, me dit-il, le jeune louveteau ne se jettera jamais dans la trappe pour en tirer le vieux loup. S'il était une fois dans mon cachot, ajouta votre oncle en parlant de vous, je l'y laisserais crever et pourrir avant d'envoyer un sou de rançon pour rendre la liberté à l'amant de ma fiancée!

— Est-il possible que mon oncle ait tenu sérieusement un pareil langage? s'écria Damien tout surpris. Est-il possible qu'il ait conçu le plan perfide de me laisser dans l'esclavage où je me serais jeté pour l'en tirer? Non, il n'en est rien.

— Ne vous flattez pas de cette idée, dit le pèlerin; si

vous allez en Syrie, vous marchez vers une captivité qui durera autant que votre vie ; pendant que votre oncle reviendra ici prendre possession d'une fortune qui ne sera que peu diminuée, et s'emparera de la main d'Eveline Bérenger.

— Ah! s'écria Damien. Et baissant les yeux un instant, il demanda au pèlerin, d'une voix mal assurée, ce qu'il lui conseillait de faire.

— Suivant mon pauvre jugement, répondit le pèlerin, le cas n'est pas douteux. Nous ne devons pas fidélité à ceux qui projettent de nous trahir. Prévenez la perfidie de votre oncle, et laissez-le traîner sa courte et frêle existence dans le cachot infect auquel il voudrait vous dévouer dans la vigueur de votre jeunesse. La générosité du roi vient de vous accorder des domaines pour vous faire vivre honorablement, et pourquoi n'y réuniriez-vous pas ceux de Garde-Douloureuse ? Ou je me trompe fort, ou Eveline Bérenger ne dira pas non. J'irai plus loin, et je vous garantis sur mon ame qu'elle dira oui ; car je connais ses sentimens d'une manière positive. Et quant à l'acte de fiançailles, un seul mot de Henry au saint père, maintenant qu'ils sont dans la chaleur de leur réconciliation, suffira pour effacer du parchemin le nom d'Hugues, et y substituer celui de Damien.

— Sur ma foi, dit Damien en se levant et en appuyant un pied sur une escabelle pour que le geôlier pût détacher plus aisément le dernier anneau qui retenait encore ses chaînes, ceci ne m'est pas nouveau. J'ai entendu parler d'êtres qui, avec des manières et des paroles graves en apparence, et armés de mauvais conseils adroitement adaptés à la fragilité de la nature humaine, allaient trouver des prisonniers réduits au désespoir, et leur faisaient de belles promesses pour les déterminer à quitter le droit chemin du salut pour entrer dans les sentiers détournés qu'ils leur indiquaient; ces êtres sont les plus chers agens du démon, et l'on sait que le démon lui-même s'est montré plus d'une fois sous ce déguisement. Retire-toi donc, au nom de Dieu, vieillard ; je n'aime ni tes paroles ni ta présence ; j'abhorre tes conseils, et prends garde, ajouta-t-il avec un geste menaçant ; — je vais être libre dans un instant.

— Jeune homme, répondit le pèlerin d'un air méprisant, en mettant ses bras sous son manteau, je dédaigne tes menaces ; je ne te quitterai pas sans que nous nous connaissions mieux.

— Et moi aussi je voudrais savoir si tu es homme ou démon, et voici le moment d'en faire l'épreuve, dit Damien. Comme il parlait ainsi, le dernier anneau se détacha de sa jambe, et ses chaînes tombèrent avec bruit sur le plancher. Se précipitant aussitôt sur le pèlerin, il le saisit par le milieu du corps, et fit successivement trois tentatives pour l'enlever de terre et le renverser en s'écriant : — Voici pour t'apprendre à vouloir nuire à un noble et respectable vieillard, à douter de l'honneur d'un chevalier, à calomnier une dame !

Ces derniers mots furent accompagnés d'un effort encore plus vigoureux que les deux autres, et qui aurait suffi pour déraciner un arbre. Le pèlerin en fut ébranlé ; mais il y résista, et, saisissant Damien à son tour tandis qu'il reprenait haleine, il s'écria : — Et voici pour t'apprendre à traiter si rudement le frère de ton père !

Tandis qu'il prononçait ces mots, Damien, le meilleur lutteur du comté de Chester, fut jeté rudement sur le plancher de la prison. Il se releva lentement, un peu étourdi de sa chute; mais le pèlerin avait jeté bas son grand chapeau et son manteau de pèlerin, et le jeune homme reconnut son oncle le connétable, quoique changé par l'âge et le climat.

— Je crois, Damien, dit Hugues de Lacy d'un ton calme, que tu as gagné des forces ou que j'en ai perdu depuis la dernière fois que nous nous sommes essayés l'un contre l'autre à l'exercice favori de notre pays. Tu m'aurais, je crois, renversé dans ta dernière attaque si je n'avais connu le croc-en-jambe aussi bien que toi. Pourquoi te mettre à genoux? Il le releva, l'embrassa avec tendresse, et continua: — Ne crois pas, mon cher neveu, que j'aie eu recours à ce déguisement pour mettre ton affection à l'épreuve; je n'en ai jamais douté; mais il y avait de mauvaises langues auxquelles il fallait imposer silence, et c'est ce qui m'a déterminé à employer une ruse dont le résultat a été pour toi aussi honorable que je m'y attendais. Apprends donc, car ces murs ont quelquefois des oreilles, même en parlant à la lettre, qu'il y a à peu de distance des yeux et des oreilles qui ont vu et entendu tout ce qui vient de se passer. Malespeste! je voudrais pourtant que tu m'eusses serré moins tendrement dans ton dernier embrassement; mes côtes sentent encore l'empreinte de tes doigts.

— Mon cher et digne oncle! s'écria Damien, daignez pardonner...

— Il n'y a rien à pardonner, dit le connétable: est-ce la première fois que nous avons lutté ensemble? Mais il te reste encore une épreuve à subir. Hâte-toi de sortir de ce trou, et habille-toi de manière à pouvoir m'accompagner à l'église à midi; car il faut que tu sois présent au mariage de lady Eveline Bérenger.

Cet ordre frappa de consternation le malheureux jeune homme. — Mon cher oncle, s'écria-t-il, par compassion, daignez m'en dispenser; j'ai été dangereusement blessé il n'y a pas long-temps, et je suis encore bien faible.

— Comme mes côtes peuvent en rendre témoignage, dit son oncle; quoi donc! tu as la force d'un ours de Norwège!

— La colère peut prêter des forces pour un instant, répondit Damien; mais, mon cher oncle, demandez-moi plutôt toute autre chose : il me semble que si j'ai commis une faute, quelque autre châtiment pourrait être suffisant.

— Je te dis que ta présence est nécessaire, dit le connétable, et indispensable. D'étranges bruits se sont répandus, et ton absence en cette occasion paraîtrait les confirmer. La réputation d'Eveline y est intéressée.

— Si cela est, répondit Damien, si cela est, rien ne me paraîtra trop pénible. Mais j'espère qu'après la cérémonie vous me permettrez de prendre la croix, à moins que vous ne préfériez que je me joigne aux troupes qu'on dit être destinées contre l'Irlande.

— Oui, oui, dit le connétable; si Eveline vous en donne la permission, je ne vous refuserai pas la mienne.

— Mon oncle, dit Damien d'un ton grave et sérieux, vous ne connaissez pas les sentimens dont vous faites un jeu.

— Je ne vous force à rien, répondit Hugues de Lacy.

Si vous venez avec moi à l'église, et que le mariage ne vous plaise pas, vous pouvez l'empêcher si bon vous semble; car, comme la cérémonie ne peut avoir lieu sans le consentement du futur époux...

— Je ne vous comprends pas, mon oncle; vous avez déjà consenti à...

— Oui, Damien, j'ai déjà consenti à renoncer à mes droits, et à les abandonner en ta faveur. Si Eveline Bérenger se marie aujourd'hui, c'est toi qui seras son époux. L'Église y a donné sa sanction; le roi y accorde son assentiment; la jeune dame ne dit pas non; la seule question qui reste est de savoir si le futur époux dira oui.

Il est aisé de concevoir quelle fut la réponse de Damien; et il est inutile d'appuyer sur la splendeur d'une cérémonie que Henry honora de sa présence, en réparation de son injuste sévérité. Amelot et Rose furent unis peu de temps après, le vieux Flammock ayant été anobli et ayant reçu des armoiries, afin que le sang normand pût se mêler, sans déroger, avec celui de la jolie Flamande. Dans la conduite du connétable à l'égard de son neveu et de lady Eveline on ne remarqua rien qui pût indiquer un seul regret du généreux sacrifice qu'il avait fait à leur attachement mutuel : mais bientôt il accepta le commandement d'une division des troupes destinées à envahir l'Irlande, et son nom se trouve le premier sur la liste des chevaliers normands qui réunirent pour la première fois cette belle île à l'Angleterre.

Eveline, rétablie dans son château et dans ses domaines, ne manqua pas d'assurer le sort de son confesseur ainsi que de ses anciens soldats et serviteurs, oubliant les erreurs des uns, et se rappelant la fidélité des autres. Le père Aldrovand fut de nouveau admis à la chère d'Égypte, plus convenable à ses habitudes que la maigre pitance qu'offre le réfectoire d'un couvent. Gillian même reçut de son indulgente maîtresse d'amples moyens de subsistance, car la punir, c'eût été punir en même temps le fidèle Raoul. Ils passèrent le reste de leur vie à se quereller dans l'abondance, comme ils s'étaient querellés dans la pauvreté, car des chiens hargneux se battent pour un bon morceau comme pour un os.

Le seul désagrément un peu sérieux, à ce que j'ai pu apprendre, que lady Eveline éprouva par la suite, fut occasioné par une visite que lui fit sa parente saxonne avec beaucoup de cérémonial, car elle arriva malheureusement à la même époque que l'abbesse de Glocester avait choisie pour venir voir sa nièce. La discorde qui éclata entre ces deux honorables dames avait une double cause : l'une était Normande et l'autre Saxonne, et en outre elles différaient d'opinion sur le temps où l'on devait célébrer la fête de Pâques. Mais cet incident ne fut qu'un léger nuage qui troubla un instant la sérénité générale de la vie d'Eveline, car son union inespérée avec Damien termina les épreuves et les chagrins des Fiancés.

FIN DU TOME SECOND DES HISTOIRES DU TEMPS
DES CROISADES.

OEUVRES COMPLÈTES
DE
SIR WALTER SCOTT.

Cette édition sera précédée d'une notice historique et littéraire sur l'auteur et ses écrits. Elle formera soixante-douze volumes in-dix-huit, imprimés en caractères neufs de la fonderie de Firmin Didot, sur papier jésus vélin superfin satiné; ornés de 72 *gravures en taille-douce* d'après les dessins d'Alex. Desenne; de 72 *vues* ou *vignettes* d'après les dessins de Finden, Heath, Westall, Alfred et Tony Johannot, etc., exécutées par les meilleurs artistes français et anglais; de 30 *cartes géographiques* destinées spécialement à chaque ouvrage; d'une *carte générale de l'Écosse*, et d'un *fac-simile* d'une lettre de Sir Walter Scott, adressée à M. Defauconpret, traducteur de ses œuvres.

CONDITIONS DE LA SOUSCRIPTION.

Les 72 volumes in-18 paraîtront par livraisons de 3 volumes de mois en mois; chaque volume sera orné d'une *gravure en taille-douce* et d'un titre gravé, avec une *vue* ou *vignette*, et chaque livraison sera accompagnée d'une ou deux *cartes géographiques*.

Les *planches* seront réunies en un cahier séparé formant *atlas*.

Le prix de la livraison, pour les souscripteurs, est de 12 fr. et de 25 fr. avec les gravures avant la lettre.

Depuis la publication de la 3e livraison, les prix sont portés à 15 fr. et à 30 fr.

ON NE PAIE RIEN D'AVANCE.

Pour être souscripteur il suffit de se faire inscrire à Paris

Chez les Éditeurs :

CHARLES GOSSELIN, LIBRAIRE
DE S. A. R. M. LE DUC DE BORDEAUX,
Rue St.-Germain-des-Prés, n. 9.

A. SAUTELET ET Cº,
LIBRAIRES,
Place de la Bourse.

www.ingramcontent.com/pod-product-compliance
Lightning Source LLC
Chambersburg PA
CBHW060127190426
43200CB00038B/1069